Unterwegs zu Bruder Baum

Michael Reimer

„Das Tier, der Baum, der Mensch – sie alle teilen den selben Atem." Zu lesen ist diese Weisheit des Häuptlings von Seattle auf einer Holztafel im Walderlebniszentrum bei Grünwald. „Weißt du, dass die Bäume reden? Ja, sie reden. Sie sprechen miteinander, und sie sprechen zu dir, wenn du zuhörst. Aber die weißen Menschen hören nicht zu. Sie haben es nie der Mühe wert gefunden, uns Indianer anzuhören, und ich fürchte, sie werden auch auf die anderen Stimmen in der Natur nicht hören. Ich selbst habe viel von den Bäumen erfahren: manchmal etwas über das Wetter, manchmal über Tiere, manchmal über den Großen Geist." Das berichtet Häuptling Tatanga Mani von den Stoney-Indianern in Kanada.

Wenn „Bruder Baum" sprechen könnte, dann würde er die indianischen Weisheiten an uns Menschen weitergeben. Er würde uns – spätestens wenn wir mit der Axt oder Motorsäge anrücken – daran erinnern, dass er uns den Sauerstoff liefert, den wir zum Atmen brauchen. Dass er uns gegen Erosion und Lawinen schützt. Dass wir mit seinem Holz unsere Wohnstuben heizen. Er würde unser Bewusstsein für den Umweltschutz schärfen. Und er würde uns vielleicht das Gedicht von Phil Bosmans vortragen: „Geh in den Wald! Da ist es Frühling. Da warten Bäume auf Dich. Herrliche Bäume, die schweigend von der Stille zehren und von dem Saft, der bis in die letzten Zweigspitzen steigt. Da singen die Vögel für Dich. Da ist Ruhe, unsagbarer Frieden."

Ob als markante solitäre Erscheinung oder im Schutz ausgedehnter Wälder – der Baum übt seit jeher eine Faszination auf uns Menschen aus. Und je älter ein Baum ist, je knorriger sein Habitus, je verworrener sein Wurzelwerk, desto größer ist unsere Andacht, unser Respekt, unsere Ehrfurcht vor diesem Natur-Phänomen. Wie klein und nichtig wir doch gegenüber diesen mächtigen Riesen erscheinen, die uns um Längen überragen und um Jahrhunderte überleben! Selbst „Natur-Ignoranten", die wenig achtsam durch die Landschaft streifen, schenken der „Tausendjährigen Linde" oder Methusalem-Eiche zumindest einen respektvollen Blick. Der Baum gibt uns Kraft, wir fühlen uns in seinem Beisein stark. „Starke Menschen sind wie Bäume, die einzeln stehen, mit tiefen Wurzeln, mit einer Krone, die sich weitet zum schützenden Dach," dichtet Annemarie Schnitt.

Die in diesem Buch vorgestellten Spaziergänge und Wanderungen führen zu ausgewiesenen Naturdenkmälern, Pracht-Bäumen, Baum-Methusalems, aber auch Baum-Veteranen, die Wind und Wetter seit Jahrhunderten trotzen, auch wenn sie bereits Krone oder Äste eingebüßt haben. Wir legen Wert darauf, dass es sich bei den vorgestellten Exemplaren nur um eine Auswahl von Bäumen handelt, die wir entlang der Route ausfindig gemacht haben. Mit Sicherheit gibt es mit wachsamen Auge noch jede Menge weiterer schöner Bäume zu entdecken. Doch auf die Vollständigkeit kommt es nicht an: Viel wichtiger ist der sich öffnende Blick auf unsere Naturschönheiten.

In diesem Sinne: Viel Freude bei der Begegnung mit „Bruder Baum"!
Michael Reimer

	AUSGANGSORT	TOURENZIEL	BAUM (BÄUME) DES TAGES (AUSWAHL)	SEITE
1	Grünwald	Sauschütt	Waldlehrpfad	8
2	Grafrath	Forstlicher Versuchsgarten	Riesenlebensbaum, Zucker-Ahorn	12
3	München	Englischer Garten	Flatter-Ulme, Spitz-Ahorn, Platane	16
4	München	Solln Warnberg	Gemeine Esche, Sommer-Linde	22
5	München	Nymphenburger Park	Blut-Buche, Rosskastanie, Europäische Eibe	28
6	Volkmannsdorf	Bruckberger Au	Schwarz-Pappel, Wild-Apfel	36
7	Alteglofsheim	Eichelberg	Waldlehrpfad, Wolfgangseiche, Akazie	42
8	Zwieslerwaldhaus	Großer Falkenstein, Watzlik-Hain	Weiß-Tanne, Berg-Ahorn, Baumwipfelpfad	46
9	Weßling	Eichenallee Delling	Stiel-Eiche, Europäische Eibe, Gemeine Esche	52
10	Bernried	Bernrieder Park	Stiel-Eiche, Totholz, Kaukasische Flügelnuss	56
11	Erling	Pähler Höhenweg	Rot-Buche, Linde Schloss Pähl	62
12	Wessobrunn	Eibenwald	Europäische Eibe, Wessobrunner Linde	68
13	Prem	Lechauen und Premer Filze	Alte Linde, Schwarz-Pappel, Wacholder	74
14	Steibis	Naturpark, Nagelfluhkette	Berg-Ulme, Eibe, Berg-Ahorn, Baumwipfelpfad	78
15	Kranzbach	Wamberg	Berg-Ahorn, Weiß-Tanne, Rot-Buche	84
16	Seefeld in Tirol	Gschwandtkopf	Europäische Lärche	90
17	Rißtal / Eng	Kleiner und Großer Ahornboden	Berg-Ahorn	94
18	Grundnern	Gaißacher Sonntratn	Riedel-Linde, Sommer-Linde	98
19	Schliersee	Baumerlebnispfad	Alte Linde am Weinberg, Blut-Buche	102
20	Neuhaus	Untere Freudenreichalm	Eberesche, St. Leonhard-Linde	106
21	Sudelfeld	Wildalpjoch	Kandelaberfichte, Latschen-Kiefer, Wacholder	110
22	Weyarn	Keltenschanze	Weyarner Linden, Rot-Buche	114
23	Ebersberg	Egglburger See	Winter-Linden, Echte Trauer-Weide, Stiel-Eiche	118
24	Bad Aibling	Birkenallee / Kurpark	Hänge-Birke, Silber-Pappel, Echte Walnuss	124
25	Amerang	Arboretum Schloss Amerang	Japanische Sicheltanne, Linde von Kammerloh	128
26	Rottau	Kendlmühlfilzen	Wald-Kiefer, Hänge-Birke, Moor-Birke	132
27	Prien am Chiemsee	Herrenchiemsee	Tassilo-Linde, Hohle Esche, Schwarz-Pappel	138
28	Oberteisendorf	Grafenberg	Most-Birne, Traubenkirsche, Waldlehrpfad	144
29	Oberjettenberg	Reiteralpe	Zirbel-Kiefer, Europäische Lärche	148
30	Ramsau	Zauberwald	Trade-Ahorn, Hindenburglinde	154

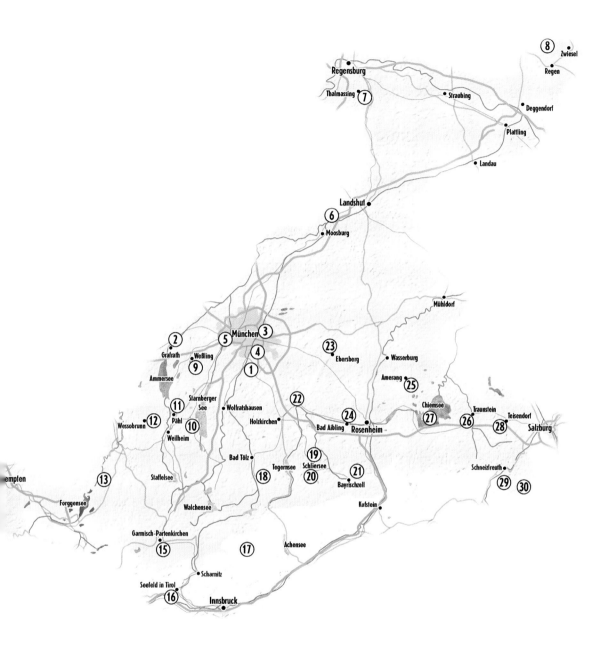

Vorwort 3

Wo finde ich welchen Baum! 6

Walderlebnispfade (Tabelle) 10

Baumwipfelpfade (Tabelle) 82

Index 158

Impressum 159

Wo finde ich welchen Baum ?

BAUMART (Auswahl)	LATEINISCHER NAME	TOUR-NUMMER
Berg-Ahorn	Acer pseudoplatanus	8,14,15,17,19,30
Spitz-Ahorn	Acer platanoides	3,23,24
Hänge-Birke	Pedula pendula	9,24,26,28
Kultur-Birne	Pyrus communis	9,12,25,28
Blut-Buche	Fagus sylvatica purpurea	5,12,15,19,24,27
Farnblättrige Buche	Fagus sylvatica forma asplenifolia	3,5
Hainbuche	Carpinus betulus	4,27
Rot-Buche	Fagus sylvatica	4,5,10,11,14,18,22,23,24,27
Europäische Eibe	Taxus baccata	3,5,9,12,14,24
Stiel-Eiche	Quercus robur	4,5,7,9,10,11,18,22,23,24,27
Eberesche	Sorbus aucuparia	14,20
Gemeine Esche	Fraxinus excelsior	3,4,9,18,19,22,23,24,27
Gewöhnliche Fichte / Kandelaberfichte	Picea abies	8,14,15,18,21,30
Rosskastanie	Aesculus hippocastanum	5,19,23,24
Wald-Kiefer	Pinus sylvestris	7,13,26
Zirbel-Kiefer	Pinus cembra	29
Europäische Lärche	Larix decidua	4,16,25,29
Sommer-Linde	Tilia platyphyllos	4,5,10,11,13,18,19,20,22,23,24,25,27, 28,30
Winter-Linde	Tilia cordata	3,5,12,23
Schwarz-Pappel	Populus nigra	3,6,13,27
Weiß-Tanne	Abies alba	8,15
Berg-Ulme	Ulmus glábra	12,14
Flatter-Ulme	Ulmus laevis	3
Wacholder	Juniperus	13,21
Echte Walnuss	Juglans regia	5,24
Silber-Weide	Salix alba	3,11,19,27
Trauer-Weide	Salix babylonica	3,23,24
Vogel-Kirsche	Prunus avium	14

BAUM-PORTRÄT (Seite)	NATURDENKMAL / METHUSALEM (Seite)	ABBILDUNG (Seite)
85	79,88,95,154	46,48,82,85,86,88,94-96,156
	16	19,119
124		53,125,134,135
145	144	70,130,144,145
30	30	31,71,86,87,104,141
	17,30	32
	23	25,139
65	26,34,79,126	24,31,59,62,64,65,79,82,115,121
69	34,79	32,68,69,79,82
54	7,22,30,44,56,58,122	24,28,33,43,52,53,54,58,59,65,66,121
107	79	80,106–108
25		19,25,104,115,119,141
112	82,110	48,82,86,87,111
	29	33
136		24,43,75,136
151		149–151
92		90-92,149–151
100	23,30,56,63,72,74,98,100,102,103,107,114,116,130,142,154	23,24,32,57,65,75,99,100,103,114,116,126,130,156
	20,34,118	33,71,120,121
40	74	37,39,40,75,140,141
	48,82	48,80,87
79	82	70,78
18	17	18
76	74	76,77
	34	33,126
		17
120		17,19,120
	82	81

Ruhe und Entspannung
Unterwegs am Walderlebniszentrum

Im Großraum München gibt es einige Walderlebnispfade, auf denen sich das Wild in seinen Gehegen beobachten und der Wald erkunden lässt. Auf diese Weise nähern wir uns dem Thema Baum an. Das Spektrum eines Lehrpfades reicht von der Bestimmung einheimischer Baumarten über die interaktive Erkundung des Waldes bis hin zum naturnahen Kulturerlebnis. Am Grünwalder Walderlebniszentrum erleben wir an zehn Stationen den Wald mit all unseren Sinnen. Und am Wildschweinstadel stehen naturgemäß die Säue im Mittelpunkt, die zur Freude der anwesenden Kinder täglich um 16 Uhr gefüttert werden. Durch ihr stetes Aufwühlen der Erde leisten sie dem Wald wertvolle Dienste.

Schnurgerade zieht der Forstweg vom Parkplatz zum Gelände des Walderlebniszentrums hin. Unterwegs passieren wir Holztafeln mit tiefsinnigen Sprüchen wie „Wer den Wald schützen will, muss seine Erzeugnisse nützen" (M. Kochskämpfer). Außerdem erfahren wir, dass nur 30 Prozent des jährlichen Niederschlags ins Grundwasser gelangt und der große Rest von den Bäumen verdunstet wird.

Am Walderlebniszentrum beginnt der 2,8 Kilometer lange Lehrpfad-Rundweg, der passenderweise mit einem Wildschwein-Maskottchen markiert ist. Zur besseren Orientierung kann man sich hier einen kostenlosen Flyer mitnehmen. Einige Stationen vermitteln Hintergrundwissen zum Thema Baum. Die Informationstafeln sind so dargestellt, dass sie auch für Kinder leicht verständlich sind. Mittels eines Waldpädagogik-Programms, das die Einladung von Schulklassen beinhaltet, will das Erlebniszentrum den Kindern die Angst vor dem Wald nehmen, die in

unserer technisierten Welt fernab der Natur bedauerlicherweise immer mehr zunimmt. An der Tafel „Eine Eiche erzählt" kann man anhand der Jahresringe den Werdegang eines gefällten Baumes nachvollziehen. Am „Lesesteinhaufen" ist bildlich dargestellt, dass von der Steinhummel über Erdkröte und Zauneidechse bis zur Schlingnatter die unterschiedlichsten Tiere die vorhandenen Hohlräume und Ritzen als Lebensraum nutzen. Und in der Sprunggrube misst man seine Kräfte mit den Waldtieren.

Doch auch Erwachsene haben am Waldrundgang ihren Spaß und: Aha-Effekt. Beim Baumartenrätsel etwa kann jeder sein Wissen über die einheimischen Baumarten auf die Probe stellen. Eiche, Buche oder Kiefer erkennt wohl jeder, aber wie schaut es mit der Roterle aus? Oder mit der Scheinzypresse, ein aus Kalifornien importiertes Gehölz, das König Max II. einst anpflanzen ließ? Der Barfuß-Parcours mit verschiedenen Bodenbelägen aktiviert

Die Spaziergängerin auf dem „Schwebebalken", das Schwammerl auf der Baumrinde und die Sau in der Sandgrube fühlen sich gleichermaßen wohl in der Sauschütt.

unsere Energie-Meridiane an den Fußsohlen. Und an der Station „Ruhen und Lauschen" werden wir dazu aufgefordert, frei nach Robert Musil („Leg Dich an einem schönen oder auch windigen Tag in den Wald, dann weißt Du alles selbst.") in uns zu kehren, die Augen zu schließen und dem vielstimmigen Waldkonzert zu lauschen. Diese Art der Entspannung stimmt uns bestens auf die folgenden Wanderungen zu „Bruder Baum" ein. Und dass in einem toten Baum sehr viel Leben steckt, mag den einen oder anderen sicherlich auch überraschen (Thema „Totholz" siehe Tour 12).

Am Ende kann man sich bis 16.30 Uhr im von Max II. 1863 erbauten Pavillon noch eine Ausstellung über die Wälder im Münchner Umland anschauen. Das Walderlebniszentrum bietet von Mai bis Oktober jeden Sonntag zwischen 10 und 12 Uhr kostenfreie Führungen an. Treffpunkt ist im Aktionszentrum. Sehr beliebt sind auch die Mitte September im Rahmen der Münchner „Nacht der Umwelt" durchgeführten „Sommernachtswald"-Spaziergänge. Wer das Knacken von Unterholz oder das „Nachtkonzert" von Uhu, Käuzchen, Reh, Fuchs und Sau miterleben will, sollte sich im Gegensatz zur Sonntags-Veranstaltung vorher anmelden (siehe Info).

Baumwipfelblick an der Station „Ruhen und Lauschen"

Weitere Walderlebnispfade im Großraum München

- **Bergwaldlehrpfad Wolfratshausen,** Startpunkt Eichheimweg, 2 km
- **Hohenlinden bei Ebersberg,** Startpunkt Staatstraße 2086 zwischen beiden Orten, 3,2 km
- **Klima-Walderlebnispfad Parsdorfer Hart,** Startpunkt Straße zwischen Parsdorf und Purfing, 3 km
- **Waldlehrpfad Hebertshausen,** Startpunkt Am Weinberg hinter der Schule
- **Walderlebnispfad Ebersberger Forst,** Startpunkt Plantage 2,2 km
- **Wald der Bilder Schwindegg,** Startpunkt AmVieh-Theater, Schafdorn 1 (www.wald-der-bilder.de)
- **Versuchsgarten Grafrath,** 200 Baumarten aus aller Welt (siehe Tour 2)

Schwierigkeit 1 • **Strecke** 3,5 km • **Gehzeit** 1 Std.

Anfahrt

ÖVM S 7 Höllriegelskreuth, Bus 271 bis Haltestelle „Friedhof" oder Tram 25 bis Endstation in Grünwald und Bus 271 bis Haltestelle „Friedhof"; weiter auf beschildertem Fußweg (10 Min.)

Auto Von München B 12 Richtung Wolfratshausen, in Höllriegelskreuth nach Grünwald abbiegen; alternativ vom Wettersteinplatz Grünwalder Straße stadtauswärts oder A 995 Ausfahrt Oberhaching und M 11 nach Grünwald; vom Ortskern St2072 1,4 km Richtung Straßlach

Ausgangspunkt Parkplatz an der St2072 (N 48.027131°, E 11.519551°)

Charakter Kurzer Waldspaziergang mit klarer Beschilderung

Info Führungen organisieren das Walderlebniszentrum, Tel. 089 - 649 20 99, www.walderlebniszentrum-gruenwald.de und das Forstamt München, Tel. 089 - 745 14 50.

Route Rundweg Walderlebnispfad Sauschütt

Vom Parkplatz 400 m in den Forst → am Walderlebniszentrum rechts in die Link geräumt → vor der Stern-Kreuzung links in den Wald), Forstweg geradeaus überqueren und dem Waldpfad folgen → an der Wörnbrunner Geräumt links und erste Abzweigung rechts → links auf der Sauschütt zum Ausgangspunkt zurück

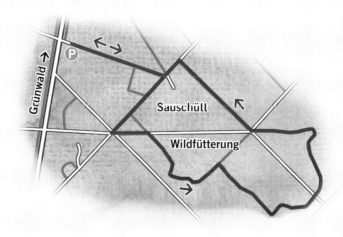

Ferne Wälder ganz nah

Rundgang durch einen einzigartigen Park

Als Ende des 19. Jahrhunderts der Holzvorrat als dringend benötigtes Wirtschaftsgut knapp wurde, schickte König Ludwig II. Heinrich Mayr als Pionier zur Erkundung nach Nordamerika. Nachdem der Professor schnell wachsende Hölzer wie die Douglasie, den Riesenlebensbaum und den Mammutbaum importiert hatte, reiste er auf eigene Kosten nach Japan und China, um auch dort passende Bäume als möglichen Ersatz für die heimische Fichte zu erkunden. Heute beheimatet der Grafrather Versuchsgarten über 200 verschiedene Baumarten aus drei Kontinenten, die der Besucher bei einem kostenfreien Rundgang bewundern kann.

Die Grafrather Versuchs- und Forschungsanstalt widmet sich auch heute noch der Forschung. Angesichts des voranschreitenden Klimawandels etwa wird nach einem „Ersatzwald" für die anfällige Fichtenkultur gesucht. Für diverse Versuchspflanzungen kommen neben der Douglasie und Küstentanne auch die Rumelische Kiefer und die Ess-Kastanie in Frage. Interessant ist, dass sich sowohl Vögel als auch Insekten durch die fremdartige Baumkultur nicht beirren lassen und sie mit Ausnahme der Douglasie trotzdem frequentieren. Die Themen in der sich stetig verändernden Natur gehen nicht aus. Ein Problem etwa stellen die durch den Klimawandel hervorgerufenen Baumkrankheiten dar. Sorge bereitet nicht nur das Eschentriebsterben, sondern auch die durch den Hallimasch-Pilz hervorgerufene Erkrankung der Küstentanne. Nach Bränden in Gebirgsregionen steht der Forstliche Versuchsgarten mit Setzlingen zur Neubepflanzung mit heimischen Gehölzen bereit.

Der Zucker-Ahorn fällt mit seinen roten Blättern von Weitem auf.

Die Holzfigur mit chinesischem Gesicht steht vor
einer Gruppe von Walnussbäumen aus aller Welt.

Dem Bergmammutbaum könnte ein etwaiger Brand so schnell nichts anhaben, da ihn seine dicke Rinde vor dem Feuer schützt. Das imposante Exemplar an Station 7 hat mit rund 35 Metern aber erst rund ein Drittel seiner möglichen Höhe erreicht und befindet sich mit gut 130 Jahren angesichts seiner Lebenserwartung von mehreren tausend Jahren noch im Kindesalter. Dennoch müssten sich mindestens drei Personen an den Händen haltend zu einer Kette zusammenschließen, um den dicken Stamm an der Basis zu umfassen.

Von Größe und Alter kommt der Riesenlebensbaum (Station 19) dem Mammutbaum am nächsten. Die Indianer verwendeten sein Holz zum Bau von Kanus, Hütten und Marterpfählen und seine Rinde zur Herstellung von Netzen. Der ebenfalls aus Nordamerika stammende und im Herbst mit seinen scharlachroten Blättern auffallende Zucker-Ahorn (Station 15) ist nicht nur aufgrund seines Holzes, sondern durch seinen „Baumsaft", der zur Herstellung von Ahornsirup verwendet wird, sehr begehrt. Doch auch die asiatische Baumkultur ist mit der Chinesischen Buche, der Baumhasel, dem Siebolds-Walnuss, der Mongolischen Eiche, dem Hainbuchenblättrigen Ahorn, dem Baumkraftwurz, der Lindenblättrigen Birke, der im Frühjahr herrlich blühenden Großblättrigen Magnolie, der Japanischen Flügelnuss, der Japanischen Sicheltanne, der Mandschurischen Birke, dem Kuchenbaum und der Japanischen Eibe bestens vertreten.

Der gigantische Stamm des 130 Jahre alten Mammutbaums

Schwierigkeit 1 • **Strecke** 5,5 km • **Gehzeit** 2 Std.

Anfahrt

ÖVM S 4 nach Grafrath

Auto A 96 Ausfahrt Inning, B 471 nach Grafrath, durch den Ort auf der Bahnhofstraße zum S-Bahnhof

Ausgangspunkt Parkplatz an der Nordseite des S-Bahnhofs (N 48.132735°, E 11.154497°)

Charakter Nach dem etwa 800 m langen Zugang vom Bahnhof mündet man in den überaus abwechslungsreichen, leicht hügeligen Versuchsgarten, der zahlreiche exotische Bäume beheimatet.

Info Versuchsgarten Grafrath, Jesewanger Str. 11, Tel. 0 81 44 - 507, März bis November Mo.–Fr. 8–18 Uhr, April bis Oktober zusätzlich Sa. / So. 13–17 Uhr, www.forstlicher-versuchsgarten.de (Führungen für Gruppen ab 10 Personen möglich)

Route Bahnhof Grafrath → Rundweg Versuchsgarten → Bahnhof Grafrath

Am Ende des Bahnhofsparkplatzes dem parallel zu den Gleisen verlaufenden Fußweg Richtung München folgen → an der Bahnunterführung rechts auf die Jesenwanger Straße → nach insgesamt 800 m Parkeingang → Rückweg auf derselben Strecke oder entlang der anderen Parkseite
Versuchsgarten: Zur Wahl stehen drei Rundwege mit insgesamt 27 Baumstationen. Auf dem Äußeren Rundweg ist man knapp 2 km unterwegs. Wer sämtliche Stationen erkunden will, fügt den Inneren Rundweg (1 km) hinzu. Die letzte Station wird auf dem Ergänzungsweg (500 m) im Eingangsbereich anvisiert. Am besten besorgt man sich im Eingangsbereich die Broschüre „Ferne Wälder ganz nah", in der sämtliche Stationen kurz beschrieben sind. Somit dürfte trotz teils verschlungener Wege die Orientierung nicht schwerfallen.

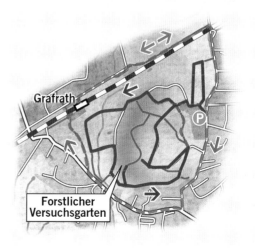

Zucker-Ahorn im Sonnenlicht

Frühlingsboten am Monopteros
Von der Maxvorstadt über den Englischen Garten nach Schwabing

Während im Oberland der Boden in der zweiten Märzhälfte meist erst langsam auftaut, sprießen im milderen Stadtklima von München bereits die erste Knospen und Blüten. Der Englische Garten ist mit seiner botanischen Vielfalt ein Eldorado für Baumfreunde. Anhand der Blüten können wir spielend leicht eine Trauer-Weide, einen Spitz-Ahorn, eine Schwarz-Pappel, eine Gemeine Esche oder eine Flatter-Ulme identifizieren. Letztere ist einer von rund 100 Bäumen, welche die Stadt München vor einigen Jahren in die Liste der Naturdenkmäler aufgenommen hat. Bei den folgenden drei München-Spaziergängen werden wir auf kurzweiligen Routen insgesamt zahlreiche prachtvolle und somit schützenswerte Baum-Exemplare erschließen.

A m Ausgangsort Karolinenplatz stoßen wir bereits auf zwei Naturdenkmäler: Im Gegensatz zum Spitz-Ahorn ❶, der frei sichtbar auf der Grünfläche des Amerika-Hauses steht, versteckt sich der Japanische Schnurbaum ❷ im rückwärtigen Garten der benachbarten Staatssammlung für Anthropologie. Man kann den exotischen Baum, dessen cremeweiße Rispenblüten erst im Spätsommer erscheinen, jedoch auch sehr gut vom Garten des Amerika-Hauses einsehen. Auch die acht Zürgelbäume ❸, die wir auf dem Weg zum Hofgarten ausfindig machen, stammen ursprünglich aus Ostasien. Auffallend ist die graue, tief gefurchte Rinde. Die kugeligen, roten Steinfrüchte hängen teilweise im Winter noch an den Ästen.

Bevor wir tiefer in den Englischen Garten eintauchen, machen wir noch einen Abstecher zur Kunstakademie. Vor dem Haupteingang in der Akademiestraße fällt die extrem krumm gewachsene Kaukasische Flügelnuss (siehe Tour 10) auf, ansons-

ten sind die Eichen in der Überzahl. Auf die Liste schützenswerter Bäume haben es hier jedoch nur die beiden dominanten Platanen ❹ im parkähnlichen Garten an der Ostseite des Gebäudes geschafft. Falls das Tor der Zufahrtsstraße verriegelt ist, können wir die in dieser Größe seltenen Bäume auch durch den Zaun von der Leopoldstraße aus betrachten.

Der Höhepunkt unserer Baumerkundung erfolgt jedoch im Englischen Garten. An warmen Wochenendtagen ziehen Pilgerschaften durch den beliebten Freizeitpark. Vor der Laubentwicklung fallen die Trauer-Weiden mit ihren gelben Asttrieben – bei den ebenfalls vorkommenden Silber-Weiden sind sie rötlich! – besonders auf (siehe Tour 23). Auch die gelben, von den Zweigen herabhängenden Kätzchen bilden sich früher aus als die Blüten an den meisten anderen Bäumen. Das knorrige Exemplar am Schwabinger Bach ❺ hat der Landesbund für Vogelschutz mit dem Appell „Bitte nicht fällen" zum geschützten Fledermausbaum erklärt. Auch die seltene Schwarz-Pappel (❻, siehe Tour 6) ist am Bach präsent.

An der Weggabelung nordwestlich des Monopteros entdecken wir linkerhand eine auffällige Gemeine Esche ❼. Obwohl der Baum an mehreren Stellen Äste eingebüßt hat und der an der Spitze gekappte Stamm eine vernarbte Wunde aufweist, prägt er die umliegende Parklandschaft. Die kegelförmigen, zottig behaarten, schwarzen Knospen liegen am Zweigende

meist in Dreiergruppen an. Eine noch größere Besonderheit stellen jedoch die beiden auf der roten Liste gefährdeter Arten stehenden Flatter-Ulmen ❽ wenige Meter weiter nördlich dar; im gesamten Stadtgebiet sind keine älteren Exemplare bekannt. Wir erkennen sie beispielsweise an den rötlich gefärbten, kegelförmigen Blütenknospen. Und auch die Farnblättrige Buche am Eisbach ❾ taucht auf der Liste schützenswerter Naturdenkmäler auf.

Frühlingserwachen im Englischen Garten mit Silber- und Trauer-Weiden vor dem verdeckten Monopteros

Eine absolute Rarität: Schief gewachsene Flatter-Ulme mit Blütentrieb und mächtigem Stamm

Flatter-Ulme (Ulmus laevis)

Familie Ulmengewächse

Lebensraum Auwälder, feuchte Mischwälder, auf Grundwasserböden

Borke Graubraun und längsrissig, abblätternde Schuppen bereits im frühen Stadium

Blüte Rötlich gefärbte, kegelförmige Blütenknospen in lang gestielten Büscheln (ab März)

Blatt Auffallend asymmetrische Form des Blattgrunds, eiförmig und doppelt gesägt, bis zu 18 Nervenpaare

Frucht Die rundlichen Flügelnüsse mit mittigem Samen, am Rand dicht gewimpert, erscheinen bereits im Mai.

Besonderheit Als einzige heimische Baumart kann die Flatter-Ulme Brettwurzeln ausbilden und kann somit auch längere Überflutungsphasen überstehen.

Fundstellen unterwegs 2 Exemplare ca. 200 m nordwestlich vom Monopteros

Wenn Knospen und Blüten treiben: Spitz-Ahorn (o.l.), Kaukasische Flügelnuss (o.r.) an der Kunstakademie, Gemeine Esche (m.l.) und Trauer-Weide (m.r.); das Trauer-Weide-Exemplar am Schwabinger Bach (u.) wird von Fledermäusen bewohnt.

Österreichische Schwarz-Kiefer im Klinikumgelände

Unser nächster markanter Solitär-Baum ist die aufgrund ihres mächtigen Stammes außergewöhnliche Winter-Linde ❿. Ihren leicht gekrümmten Habitus am Westeingang zum Tucherpark erspähen wir bereits von der Bachbrücke nördlich des Chinesischen Turms. Auf dem gut frequentierten Seeuferweg am Kleinhesseloher See prägen mit Blick auf den bei Sonne meist vollen Seehaus-Biergarten Pappeln und Trauer-Weiden die Szenerie.

Nach Verlassen des Englischen Gartens erwartet uns im Garten des Klinikums Rechts der Isar, Außenstelle Biedersteiner Straße 29, ein kleines Suchspiel. Die Österreichische Schwarz-Kiefer ⓫ soll zwar die größte und mächtigste ihrer Art in ganz München sein, versteckt sich aber geschickt hinter dem Haus 653 „Zentrum für Allergie und Umwelt" (ZAUM) und ist somit nicht leicht zu finden. Nicht zu übersehen sind hingegen die stattlichen Eiben ⓬ nebst Eibenhecke am Artur-Kutscher-Platz. Der in freier Wildbahn äußerst seltene Nadelbaum (siehe Tour 12) scheint sich in München-Schwabing ohnehin überraschend wohl zu fühlen: Auch in der Kaulbachstraße steht ein schönes Exemplar.

Schwierigkeit 1 • **Strecke** 8 km • **Gehzeit** 2 ¾ Std.

Anfahrt

ÖVM U-Bahn zum Königsplatz und zu Fuß auf der Brienner Straße zum Karolinenplatz, zurück mit der U-Bahn ab Münchner Freiheit

Auto Diverse Parkmöglichkeiten am Karolinenplatz

Ausgangspunkt Amerikahaus, Karolinenplatz (N 48.144531°, E 11.568641°)

Endpunkt U-Bahnhof Münchner Freiheit (N 48.162577°, E 11.586775°)

Charakter Von der Maxvorstadt geht es über den Hofgarten und Englischen Garten nach Schwabing. Rund die Hälfte des geruhsamen Spaziergangs verläuft im Parkgelände.

Einkehr Café Annast (Odeonsplatz), Chinesischer Turm und Seehaus (Englischer Garten), Osterwaldgarten (Parkausgang), Cafés an der Münchner Freiheit

Besondere Bäume am Weg
- **Maxvorstadt:** Spitz-Ahorn ❶ , Japanischer Schnurbaum ❷ , 8 Zürgelbäume ❸ , 2 Platanen ❹
- **Englischer Garten:** Trauer-Weide ❺ , Schwarz-Pappel ❻ , Gemeine Esche ❼ , 2 Flatter-Ulmen ❽ , Farnblättrige Buche ❾ , Winter-Linde ❿
- **Schwabing:** Schwarz-Kiefer ⓫ , Eiben ⓬

Route Karolinenplatz → Hofgarten → Englischer Garten → Kunstakademie → Englischer Garten → Münchner Freiheit

Vom Karolinenplatz ❶ – ❷ die Brienner Straße ostwärts → Abstecher zu den Zürgelbäumen ❸ Ecke Oskar-von-Miller-Ring / Finkenstraße → am Odeonsplatz den Hofgarten durchqueren → am östlichen Ende der Arkaden Radschild „Englischer Garten" folgen → im Park am linken Rand der Schönfeldwiese nordwärts (Fußweg-Schild) → an der Y-Kreuzung links → Veterinärstraße westwärts → am Geschwister-Scholl-Platz rechts halten, am Siegestor Ampel überqueren und zur Kunstakademie ❹ → wieder zurück auf die Ostseite der Leopoldstraße und Schackstraße ostwärts → Kaulbachstraße rechts und links in den Englischen Garten
Im Englischen Garten mit Abstechern zu herausragenden Baum-Solitären ❺ – ❾ am Monopteros vorbei zum Chinesischen Turm → den Biergarten nordwärts durchqueren und an der Weggabelung Rumford-Saal halbrechts (Fußweg-Schild) → Teerstraße geradeaus überqueren → an der Bachbrücke Abstecher zur Winter-Linde ❿ → zurück zur Brücke und dem Hauptweg nach Norden folgen → am Kiosk halblinks zum Kleinhesseloher See → am Nordufer See und Park über den Osterwaldgarten links verlassen → rechts in die Biedersteiner Straße 29 zwecks Abstecher Schwarz-Kiefer im Klinikum-Gelände (⓫, hinter Haus 653 ZAUM) → Biedersteiner Straße wenige Meter zurück und rechts über Gohrenstraße, Artur-Kutscher-Platz ⓬ und Marschallstraße zur Münchner Freiheit

Baum-Paradies im Süden der Großstadt
Von Großhesselohe über Warnberg nach Alt-Solln

Warnberg ist der südlichste und mit 580 Metern zugleich höchste Punkt des Münchner Stadtgebiets. Auf dem Gelände einer ehemaligen Turmhügelburg wurde im Jahr 1667 ein Gutshof errichtet, der heute das Kloster Marienanstalt, die private Realschule Gut Warnberg – die zuvor als klösterliche Mädchenschule gedient hatte – und eine Tierarztpraxis mit Pferdepension beherbergt. Sowohl im klösterlichen Areal als auch in der näheren Umgebung stehen zahlreiche urwüchsige Bäume, die in dieser Dichte eine Besonderheit darstellen und von der Stadt München als Naturdenkmäler ausgewiesen wurden.

Die vom Isartalbahnhof ostwärts wegführende Straße heißt Kastanienalle, doch nicht die Straße, sondern der Gehweg wird von gut zwei Dutzend Kastanienbäumen flankiert. Wir lassen die Straße links liegen und spazieren auf der Kreuzeckstraße in südliche Richtung. Mächtige Lärchen und Kiefern stehen vereinzelt in den Privatgärten. Am Pullacher Gymnasium folgt die Querung zum Sollner Waldfriedhof, an dem wir auf zahlreiche faszinierende Bäume stoßen. Der Friedhof und die hier beginnende Eichenallee, die mit der Warnbergstraße identisch ist, sind auch bekannt für ein sehr seltenes Flechten-Vorkommen.

Die Eichenallee führt direkt zum Gut Warnberg. In den umliegenden Feldern wird teilweise noch Landwirtschaft betrieben. Gleich hinter dem Eingangstor befindet sich eine gepflegte Streuobstwiese mit knorrigen Apfelbäumen, die vor rund 40 Jahren von der Schwester Martha gepflanzt wurden. Elf verschiedene Apfelsorten reifen ab Spätsommer heran. Allerdings hatte die Klosterschwester bei der Pflanzung nicht mit der Gefräßigkeit der Hasen gerechnet, weshalb zahlreiche Triebe der ursprünglich 112 Setzlinge nicht überlebten. Andere Triebe wuchsen verstümmelt weiter, was den Baumkronen einzelner Bäume heute noch anzusehen ist.

Würden die Stiel-Eichen reden können, kämen sie als Zeugen für das nächtliche Hasen-Raubrittertum in Betracht. Denn sie sind zum Teil deutlich älter als 100 Jahre und dominieren das Warnberger Landschaftsbild. An der östlichen Umzäunung etwa steht ein wunderschöner Solitär-Baum ❶ nur wenige Meter von der Obstkultur entfernt. Mindestens ebenso prägend sind die sechs alten Eichen, die den Betrachter an der Warnberger Straße als markante Alleebäume ❷ imponieren. Sie standen bereits im 19. Jahrhundert an diesem Ort, als Warnberg noch durch einen urwüchsigen Waldgürtel von München-Solln getrennt war.

Auch am Warnberger Weiher und weiter westlich stoßen wir auf urwüchsige

Wunderschöne Sommer-Linde am Sollner Weiher

Stiel-Eichen. Der teils von einem Seerosenteppich überzogene Weiher ist ein besinnlicher Rastpunkt. Auf der nördlich angrenzenden Wegseite ist in einem Mini-Gehölz die Hainbuche ❸ durch ihren vom Alter leicht zerfurchtem Stamm, der sich von der Basis in drei kräftige Stränge teilt, leicht erkennbar. Ein auffallendes Hainbuchen-Trio gedeiht an der Warnberger Straße zwischen Friedhof und Weiher. Nur wenige Meter weiter nördlich ist die frei auf der Wiese stehende Wald-Kiefer ❹ nicht zu übersehen, deren Geäst als Vogelbrutplatz dient. Und wiederum nur

Sollner Baumvielfalt: alte Stiel-Eiche (o.l.), Wald-Kiefer (o.m.) und Sommer-Linden-Duo bei Warnberg (u.) sowie mächtige Rot-Buche in der Friedastraße (o.r.)

Der Stamm von Gemeiner Esche (o.) und Hainbuche (u.) im Vergleich

Gemeine Esche (Fraxinus excelsior)

Familie Ölbaumgewächse

Lebensraum Gewässerränder, krautreiche Schlucht- und Auwälder, Mischbaumkulturen

Borke Während der ersten 30 Jahre eher glatt und grünlichgrau, im Alter zunehmend längs zerfurcht, eher graubraun und zunehmende Verkorkung

Blüte Männlich, weiblich oder zwittrig mit seitenständiger Rispenbildung, grünlicher Fruchtknoten, Staubbeutel anfangs purpurrot (Mai)

Blatt Oval bis eiförmige Fiederblätter mit Zuspitzung in gegenständiger Anordnung und gezähntem Rand, Adern der unteren Blattseite wollig-rotbraun behaart

Frucht Zahlreiche hellbraune Nussfrüchte in überhängenden Rispen oft bis zum Frühjahr sichtbar

Besonderheit Die Gemeine Esche benötigt ca. 30 Jahre bis zur ersten Blüten- und Fruchtbildung. Die Blätter, die zur Zubereitung von harntreibendem Tee gesammelt werden, fallen häufig vor der Gelbfärbung ab. Die filzig-dicht und schwarz behaarten Knospen dienen im Frühjahr als hervorragendes Erkennungsmerkmal.

Fundstelle unterwegs Gehweg am Bleibtreuplatz in Solln

wenige Meter in Richtung Alkor-Werk steht direkt am Wegesrand eine stattliche Sommer-Linde ❺, deren Krone wie bei ihrer rund 50 Meter entfernten Schwester eine bemerkenswerte horizontale Ausdehnung aufweist.

Die schönste, urigste und fotogenste Sommer-Linde ❻ behütet allerdings den Sollner Weiher. Ihr auffallend knorriges Geäst erinnert aus der Ferne eher an eine Eiche, und die breit auslaufende, kelchartige Stammbasis ist, vom Alter gezeichnet, tief verrunzelt und verknorpelt. Zusammen mit der charaktervollen Trauer-Weide bildet sie einen stimmungsvollen Anblick am von Enten frequentierten Teichwasser.

Am Bleibtreuplatz stoßen wir schließlich auf ein stolzes Exemplar der Gemeinen Esche ❼, die im Zuge des Eschentriebsterbens (siehe Tour 3) besonders schützenswert ist. Am Malerwinkel beeindrucken einige hochgewachsene Europäische Lärchen, und auch sonst lassen sich in den Gärten der Sollner Villen einige stattliche Bäume entdecken. Am Sollner Bahnhof lohnt noch der Abstecher zur 400 Meter entfernten Straßenkreuzung Frieda-/Großhesseloher Straße, denn hier steht in einem Gartengrundstück eine außergewöhnlich schöne Rot-Buche ❽ mit einer extrem ausladenden Krone.

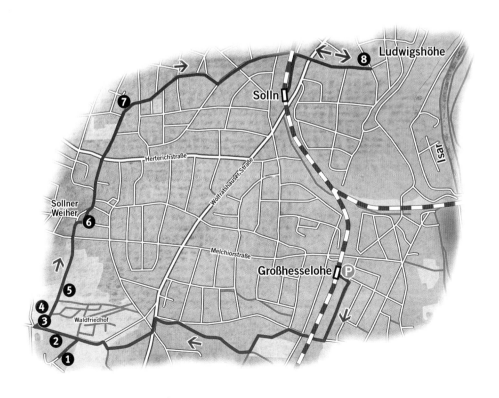

Schwierigkeit 1 • **Strecke** 6 km • **Gehzeit** 2 ½ Std.

Anfahrt

ÖVM S 7 von München nach Großhesselohe, Rückfahrt ab Solln Bahnhof

Auto B 11 Richtung Wolfratshausen, hinter der Sollner S-Bahnbrücke links in die Sollner Straße und links in die Melchiorstraße, rechts in die Kreuzeckstraße zum Parkplatz

Ausgangspunkt Isartalbahnhof Großhesselohe (N 48.071082°, E 11.53131°)

Endpunkt S-Bahnhof Solln (N 48.080917°, E 11.527083°)

Charakter Geruhsamer Spaziergang durch verkehrsberuhigte Wohngebiete und kurze Waldpassagen im Südteil der Strecke

Einkehr

- Isartaler Brauhaus, Tel. 089 - 79 89 61, www.isartaler-brauhaus.de
- Gasthof Sollner Hof, Herterichstr. 65, Tel. 089 - 749 82 90, www.sollnerhof.de
- Gasthaus Zum Hirschen, Sollner Str. 43, Tel. 089 - 200 79 474

Besondere Bäume am Weg Markante Stiel-Eiche bei Warnberg ❶, 6 Eichen in Eichenallee ❷, Hainbuchen ❸, Wald-Kiefer ❹, 2 Sommer-Linden ❺, Sommer-Linde Sollner Weiher ❻, Gemeine Esche ❼, Rot-Buche ❽

Route Großhesselohe → Warnberg → Alt-Solln

Vom Bahnhofsplatz Kreuzeckstraße nach Süden → an der T-Kreuzung rechts die Bahngleise unterqueren und die Hans-Keis-Straße geradeaus überqueren → nach 70 m links in den Fußweg abzweigen → nach 200 m am Sportplatz des Gymnasiums rechts dem Pfad in den Wald folgen → nach Einmündung (rechts halten) in die Rungestraße an der Wolfratshauser Straße wenige Meter links zur Ampelkreuzung → Straße überqueren und dem Weg halblinks in den Wald folgen → am Sollner Friedhofstor links auf der Warnbergstraße ❶ - ❷ zum Warnberger Weiher ❸ → erste Wegabzweigung rechts nach Norden nehmen ❹ - ❺ → Melchiorstraße überqueren und geradeaus zum Sollner Weiher ❻ → Muttenthalerstraße und Bleibtreustraße zum Bleibtreuplatz ❼ → Buchhierlstraße halbrechts folgen und an der T-Kreuzung links abzweigend auf der Diefenbachstraße zum Sollner Bahnhof
Abstecher: Vom Sollner Bahnhof der Friedastraße (Wolfratshauser Straße überqueren) ostwärts bis zur Kreuzung Großhesseloher Straße folgen ❽

Diese Stiel-Eiche fühlt sich
zum Wasser des Großen Sees
hingezogen.

Fotomotive im Überfluss

Von Pasing über Nymphenburg nach Gern

Ein Goldener-Oktober-Tag im Nymphenburger Schlosspark: Die warme Sonne lässt das gelbrote Herbstlaub in einem prachtvollen Licht erscheinen. Nicht nur Gelegenheits-Handy-Fotografen drücken auf den Auslöser, sondern auch echte Profis mit hochwertigen Zoomkameras sind vermehrt zu beobachten. Ein beliebtes Motiv sind die Spiegelungen auf der Wasseroberfläche von verstreuten Seen, Weihern und Kanälen. Dabei wecken nicht einzelne Naturdenkmäler das Interesse, sondern die überaus spektakuläre Mischbaumkultur im gesamten Park. Doch auch abseits des Schlossparks bietet die Wanderung jede Menge Kurzweil ...

Nur wenige Gehminuten vom Pasinger Bahnhof münden wir an der Würm in ein Landschafts-Schutzgebiet. Der Fußweg führt meist direkt am Fluss entlang, welcher nicht nur das Nymphenburger Kanalsystem mit Wasser versorgt und von Resten ursprünglichen Auwaldes gesäumt wird. Einige hochgewachsene Gemeine Eschen haben bereits ein stolzes Alter erreicht. Allerdings macht der Baumart das Eschentriebsterben zu schaffen, das ein hartnäckiger Schlauchpilz verursacht. Dadurch drohen Teile der Krone und im weiteren Verlauf der ganze Baum abzusterben. Etwa auf halber Strecke zur Blutenburg sollten wir den Abstecher zur Kirche St. Wolfgang nicht verpassen, denn hier steht eine stattliche Rosskastanie ❶ mit sehr schönem Habitus.

Die Parkwiesen der fotogenen Blutenburg werden von Graugänsen frequentiert. Östlich grenzt der langgezogene Park Am Durchblick an – wir spazieren von der Überquerung verkehrsberuhigter Straßen abgesehen über einen Kilometer weit im Grünen. Dabei haben wir die Wahl zwischen der nördlichen (auch Rad-Wanderweg) und südlichen Trasse, die von Feldern und Wiesen getrennt sind. Auch hier fasziniert im Herbst das Laub der bunten Mischbäume; nur die Eiche hält sich im Gelb-Rot-Mix noch auffällig grün. An der Frauendorferstraße überqueren wir den Nymphenburger Kanal, der an dieser Stelle nur noch 400 Meter von der Schlossmauer entfernt ist.

Baumvielfalt im Nymphenburger Schlosspark

Am Pasinger Tor erfolgt der Eingang in den Nymphenburger Schlosspark. Nachdem sogar „Radschieben" verboten ist, bleiben die Spaziergänger in der weitläufigen Anlage unter sich. Eine Informationstafel im Eingangsbereich gibt uns einen Überblick über die Sehenswürdigkeiten im Park und die von der Jahreszeit abhängigen Schließzeiten des Haupttores. Für unsere Baumerkundung halten wir uns ausschließlich im Südteil des Parks auf, der vom breiten Mittelkanal begrenzt wird.

Erstes Ziel ist der Monopteros am Großen See, der vielleicht romantischste Ort im Parkgelände. Bereits mit Eintauchen in das Parkgehölz sind wir von der Vielfalt der Baumfauna begeistert. Zwischen Eichen, Rot- und Hainbuchen, Ahorn, Linden, Weiden, Pappeln, Birken und ausladenden Sträuchern wachsen Nadelbäume wie die Lärche, Fichte oder Kiefer. In Sichtweite des Monopteros stoßen wir auf eine alleinstehende schiefe Eiche, die sich deutlich Richtung See neigt. Ihr sich wie Fangarme ausbreitendes Geäst touchiert fast die Wasseroberfläche. Lange Zeit war das Parkareal von stattlichen Eichenhainen überzogen, bevor der Gartenkünstler Friedrich Ludwig von Sckell Anfang des 19. Jahrhunderts mit der Schaffung einer neuen Gewässer-, Lichtungs- und Waldlandschaft die Trendwende zur Mischbaumkultur einleitete.

Nahe der Badenburg macht es sich der Waldkauz Kasimir in einem Ahornastloch bequem. Warum er sich ausgerechnet eine exponierte Stelle an einer Wegkreuzung ausgesucht hat, bleibt sein Geheimnis. Immerhin drei bis vier Artgenossen leben heute im Park. An der Südseite des Gebäudes ist die solitär gewachsene Blut-Buche ❷ nicht zu übersehen. Ihr Laub färbt sich über dem imposanten, mehrfach verzweigten Stamm im Herbst großflächig rotbraun. Am Ufer des Großen Sees beeindruckt eine Sommer-Linde ❸ mit ihrem bizarr-knorrigen Wuchs. Eine direkt am Stamm verankerte Sitzbank mit Blick auf den Monopteros lädt zum Verweilen ein. Auch die benachbarten, fast verspielt wir-

Blut-Buche (Fagus sylvatica purpurea)

Familie Buchengewächse

Lebensraum Parkanlagen und Privatgärten

Borke Anfangs graugrün, später silbergrau, auffallend glatt und dünn

Blüte Ab Ende April gleichzeitig mit dem Blattwuchs kugelförmige rötliche Blüten an den frischen Asttrieben, die weibliche Form hat im Gegensatz zur männlichen gebogene Narbenlappen.

Blatt Elliptisch bis eiförmig in wechselförmiger Anordnung, Oberseite glänzend dunkelgrün, ganzrandig

Frucht Die ab September reifenden dreikantigen Bucheckern haben einen nussartigen Geschmack.

Besonderheit Die Blut-Buche ist eine Zierform der Rot-Buche. Ihr Name basiert auf der Färbung der Blätter, die sich im Sommer von Schwarzrot langsam ins Grünliche verwandelt. Im Herbst ist die rotbraune Färbung allenfalls in Nuancen von der etwas helleren Rot-Buche zu unterscheiden.

Fundstelle unterwegs Prachtexemplar südlich der Nymphenburger Badenburg

kenden Bäume stehen der Linde in puncto Schönheit kaum nach.

Auf dem Weg zur Amalienburg passieren wir im sogenannten Dörfchen die am Brunnhaus stehende mächtige Stiel-Eiche ❹. Der historische Baum ist in seiner Größe im gesamten Stadtgebiet einmalig. Südlich der Amalienburg stoßen wir auf eine alleinstehende Farnblättrige Buche ❺, deren Blätter im Gegensatz zu ihren Buchen-Geschwistern einen fein gezähn-

Die unterschiedliche Laubfärbung zwischen der Blut-Buche im Park (o.) und der Rot-Buche in der Kuglmüllerstraße (u.) ist auch im Herbst noch sichtbar.

Farnblättrige Buche (o.l.) und Eiben-Gruppe (o.m.) an der Amalienburg sowie Hänge-Buche (o.r.) am Schlossgarten-Parterre und Sommer-Linde am Großen See (u.)

Stiel-Eiche am Brunnhaus (o.l.), Waldkauz Kasimir im Ahornbaum (o.r.), Rosskastanie an der Kirche St. Wolfgang (u.m.), Echte Walnuss am Bürgerheim (u.r.) und Winter-Linde in Gern (u.l.)

ten, gelappten Rand aufweisen. Nur wenige Meter entfernt entdecken wir sechs mächtige Eiben ❻ – in freier Wildbahn ist das filigrane Nadelgehölz vom Aussterben bedroht (siehe Tour 14); die Eibengruppe an der Nordseite der Amalienburg, die mit älteren Kiefern und Helmlocktannen in Gesellschaft leben, breiten sich eher strauchartig aus. Auf dem Weg zum Hauptschloss kommen wir noch an der Hänge-Buche ❼ vorbei, deren feingliedrige Äste ähnlich wie bei der Trauer-Weide von der Krone bis zum Boden herabhängen.

Nach Verlassen des Parkareals können wir uns auf dem Weg zum Westfriedhof an weiteren Naturdenkmälern erfreuen. Am Nördlichen Schlossrondell erkennen wir oberhalb der Mauer die Krone einer historischen Winter-Linde; der Garten ist jedoch nicht zugänglich. Der Echte Walnuss ❽

vor der Hausfront des Bürgerheims nahe dem Ludwig-Ferdinand-Platz sucht in München seinesgleichen, die Rot-Buche ❾ im Privatgarten an der Kugelmüllerstraße erreicht in Größe und Ausdehnung unglaubliche Ausmaße und die Winter-Linde ❿ an der Einmündung der Nederlinger- in die Baldurstraße ist mit einem Alter von mindestens 300 Jahren womöglich der älteste Baum Münchens. Der majestätische Baum ist nach dem Natur begeisterten Professor Philipp Röth benannt, der im vorletzten Jahrhundert häufig vor der Linde saß und sie zeichnete. Da der Baum einige Kriege miterlebt hat, wird er als „historisch" bezeichnet.

Von diesem besonderen Ort sind es an der Mauer des Westfriedhofs nur noch rund 900 Meter bis zur finalen U-Bahnstation.

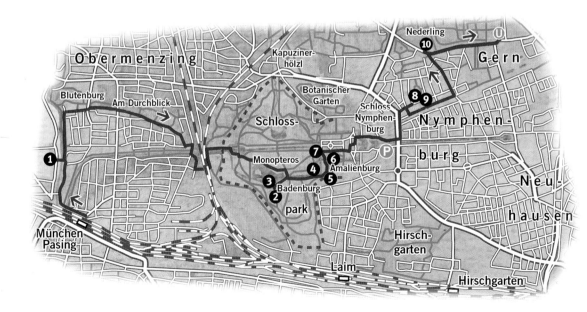

Schwierigkeit 1 • **Strecke** 11 km • **Gehzeit** 3 ½ Std.

Anfahrt

ÖVM S-Bahn nach Pasing, U-Bahn in Gern (Rückfahrt)

Auto Diverse Parkmöglichkeiten in Pasing

Ausgangspunkt Pasinger Bahnhof Nord (N 48.150626°, E 11.462088°)

Endpunkt U-Bahnhof Westfriedhof (N 48.169935°, E 11.528499°)

Charakter Kurzweilige Streckentour auf schönen Fußwegen entlang der Würm und durch schöne Parkanlagen sowie ruhige Wohngebiete. Höhepunkt ist die Durchquerung des Nymphenburger Parks.

Einkehr

- Schlossschänke Blutenburg, Tel. 089 - 811 98 08, www.blutenburg.de
- Schlosscafé im Palmenhaus, Tel. 089 - 17 53 09, www.palmenhaus.de
- Restaurant Gut Nederling, Nederlinger Str. 78, Tel. 089 - 14 33 88 74, www.restaurant-gutnederling.de

Besondere Bäume am Weg

- **Obermenzing:** Rosskastanie ❶
- **Nymphenburger Park:** Blut-Buche ❷, Sommer-Linde ❸, Stiel-Eiche ❹, Farnblättrige Buche ❺, Europäische Eiben ❻, Hänge-Buche ❼
- **Nymphenburg / Gern:** Echte Walnuss ❽, Rot-Buche ❾, Röthlinde ❿

Route Pasing → Schloss Blutenburg → Nymphenburger Schlosspark → Gern

An der Nordseite des Bahnhofs Radweg Richtung Blutenburg folgen → links in den Bergengruen-weg und an der Würm rechts → an der 1. Brücke nach dem Weiher links die Würm überqueren und 100 m zur Wolfgang-Kirche ❶ (Abstecher) → an der Würm zur Blutenburg → rechts ca. 1 km durch den Park Am Durchblick → am Parkende rechts zur Frauendorferstraße → Nymphenburger Kanal überqueren, links in die Straße Am Nymphenbad und links in die Bärmannstraße → hinter der Unterführung links an den Gleisen entlang → am Nymphenburger Kanal rechts zum Pasinger Schlosstor (geöffnet bis 18.30 Uhr)

Im Schlosspark: Kanalbrücke überqueren und halbrechts zum Monopteros am Großen See → weiter ostwärts und an der T-Kreuzung rechts zur Badenburg ❷, ❸ (Abstecher) → etwas ostwärts Brücke überqueren und rechts über das Dörfchen ❹ zur Amalienburg ❺, ❻ → Brücke nordwärts überqueren, an der Weggabelung links zur Hänge-Buche ❼ und rechts das Parkgelände verlassen → am Nymphenburger Kanal entlang ostwärts → an der Menzinger Straße links und nach 300 m rechts in die Dall' Armistraße → am Walnussbaum ❽ vor dem Bürgerheim wenige Meter zum Ludwig-Ferdinand-Platz zurück und links in den Fußweg → links in die Kuglmüllerstraße ❾ und links in die Nederlinger Straße → an der Röthlinde ❿ rechts in die Baldurstraße und am Westfried-hof entlang zur U-Bahnstation

Intakte Auenlandschaft

Hohes Schwarz-Pappel-Vorkommen im Mittleren Isartal

Die Schwarz-Pappel ist im Zuge der Flussregulierung bayernweit immer mehr von der Bildfläche verschwunden. Denn wie kaum eine andere heimische Baumart fühlt sich das Weidengewächs in einem intakten Auwald mit periodischen Überschwemmungen besonders wohl. Zwischen der Ampermündung bei Moosburg und der Einmündung in die Donau kann sich die Isar noch frei entfalten, was dem Bestand des Wärme und Wasser liebenden Baumes sichtlich gut tut. Und nirgends ist der Schwarz-Pappel-Bestand so ergiebig wie in der Bruckberger Au, wo pro Hektar im Schnitt über 40 Exemplare anzutreffen sind.

Der Einstieg in das Naturschutzgebiet Bruckberger Au erfolgt unmittelbar an jener Brücke, an der die Amper in die Isar mündet. Hier hat das Wasserwirtschaftsamt Landshut eine Übersichtstafel mit Markierung des Uferanbruchs aufgestellt, der durch das Pfingsthochwasser 1999 entstanden ist. Um seltenen Vögeln wie dem Eisvogel oder der Uferschwalbe das Überleben zu ermöglichen, wurde der Uferweg auf einer Strecke von 400 Metern nicht mehr erneuert. Der Spaziergänger umwandert das Areal großzügig und stößt flussabwärts wieder an das Ufer.

Von der Brücke tauchen wir unmittelbar in den artenreichen Auenwald ein. Silber-Weiden, Gemeine Eschen, Schwarz-Erlen und vereinzelte Birken flankieren das Ufer, dazwischen mischen sich Wilder Hopfen, Gemeine Waldrebe und Schwarzer Holunder. Letzterer ist im Spätsommer durch seine schwarzen Beeren leicht zu erkennen, die sich zu schmackhaftem Saft oder Tee verarbeiten lassen. Seltener taucht die Flatter-Ulme auf, die ein Indikator für eine intakte Auenlandschaft ist. Und auch die Schwarz-Pappel lässt nicht lange auf sich warten. Sie ist geselliger Natur, tritt gerne in Gruppen auf, während benachbarte Areale pappelfrei bleiben. In ungünstiger Schattenlage lechzt sie so stark nach Licht und Wärme, dass sich ihr Wuchs quer über das Flusswasser ausdehnen kann. Neben Licht und Wärme begünstigen auch Nährstoffe und Wasser ihr Wachstum, das in den ersten Jahren recht rasant verläuft. Die ausladende Krone mit teils knorrigem Geäst erinnern im laubfreien Zustand an die Eiche. Sehr auffällig sind der tief zerfurchte Stamm und die fast dreieckigen, spitz zulaufenden Blätter. Ein etwaiges Schwarz-Pappel-Sterben wäre nicht nur ein herber Verlust für die einheimische Baumkultur, sondern würde auch das Aus für die im Isartal bedrohten Sandlaufkäfer- und Heuschreckenarten bedeuten.

Nach dem Umweg um die gesperrte Ufer-Abbruchkante leitet uns am Schild „Naturschutzgebiet Vogelfreistätte Mittlere Isarstauseen" ein Weg über eine

Es scheint nur eine Frage der Zeit, bis die Isar diese schöne Schwarz-Pappel zu sich holt ...

Gratis-Verkostung vom Wild-Apfel

Bizarre Stammstruktur der Schwarz-Pappel (o.l.); Schwemmholz belagert die Uferpartien.

Lichtung zur Uferzone zurück. Einerseits dienen die entstandenen Freizonen der Schwarz-Pappel als Verjüngungskur, andererseits sind staatliche Exemplare durch das Abtragen weiterer Uferpartien vom Einsturz bedroht. Im Herbst 2013 stand eine Schwarz-Pappel bereits nahe am Abgrund soeben noch im „grünen Bereich", ein Teil ihrer Wurzeln war freigelegt und badete bereits im reißenden Isarwasser. Das horizontale Wurzelsystem der Schwarz-Pappel ist jedoch sehr anpassungsfähig. Um die Schwachstelle an der Abbruchkante auszugleichen, gräbt es sich an der Landseite zum Selbstschutz noch tiefer in das Erdreich ein.

Ein inmitten der Auwald-Flora überraschend auftauchender Wild-Apfelbaum trägt im September wohlschmeckende Früchte. Wir setzen unsere Wanderung am Isarufer in nördliche Richtung fort. Auf den Kiesbänken, die sich durch die Kraft des Isarwassers jedes Jahr verändern, liegt angeschwemmtes Totholz. Das Laub der Silber-Weiden glänzt prachtvoll in der einfallenden Sonne. Unterwegs stoßen wir immer wieder auf markante Schwarz-Pappeln. Allein die tief eingerissene Borke älterer Exemplare zieht den Betrachter in den Bann. Erst auf dem Rückweg durch den Wald nimmt die Dichte dieser faszinierenden Bäume deutlich ab.

Schwarz-Pappel (Populus nigra)

Familie Weidengewächse

Lebensraum Auwälder an Flüssen in sonnenbegünstigter Lage

Borke Graubraun mit tiefrissiger Struktur, ältere Stämme mit bizarrer Knollenbildung

Blüte Kätzenbildung (schlaff herabhängend, männliche erst purpurrot, dann schwarz; weibliche gelbgrün) ab Ende März, noch bevor die Blätter austreiben

Blatt Wechselständig mit bis zu 6 cm langem Stiel, dreieckige bis rautenförmige Form mit spitzem Zulauf, oben glänzend dunkelgrün, gezähnter Blattrand

Besonderheit Das glatte Schwarz-Pappel-Holz ist bei Skulpturenschnitzern begehrt.

Fundstellen unterwegs Großer Bestand in unmittelbarer Flussnähe, Einzelexemplare an Lichtungen im Staatswald

Schwierigkeit 1 • **Strecke** 10 km • **Gehzeit** 3 Std.

Anfahrt

Auto A 9 und A 92 Ausfahrt Moosburg, B 11 Richtung Moosburg, nach gut 2 km rechts Richtung Volkmannsdorf, hinter der Isarbrücke links parken

Ausgangspunkt Parkplatz Isarbrücke (N 48.500995°, E 11.955754°)

Charakter Überwiegend flache und breite Wege im Isartal. Bei oder nach Überschwemmungen Geländeabbruchgefahr. Viel Schatten im Auwald

Wegweiser Nur eine Übersichtskarte am Wegbeginn, unterwegs aber kaum Schilder oder Weg-markierungen vorhanden

Besondere Bäume am Weg Schwarz-Pappel ❶, Wild-Apfel ❷

Route Volkmannsdorf → Rundweg Bruckberger Au → Volkmannsdorf

Vom Parkplatz wenige Meter auf die Isarbrücke → vor Überqueren der Isar links in den ausgewie-senen Wanderweg (Wegtafel Wasserwirtschaftsamt Landshut) → gut 1 km nordwärts am Flussufer entlang ❶ → am Uferanbruch (Sperre) links dem von der Isar wegführenden Weg folgen → nach kleiner Brücke an der T-Kreuzung rechts → nach 500 m den parallel zum kleinen Bach verlaufenden Hauptweg rechts zu einer großen Lichtung verlassen (Schild Naturschutzgebiet) → vor Erreichen des Isarufers ❷ (Abstecher lohnend!) links in den Wald (deutlicher Pfad) und bis Erreichen der Autobahnbrücke am Isarufer entlang → vor der Brücke links in den Radweg Richtung Moosburg → nach 300 m den Radweg links verlassen und stets dem Hauptweg folgend im Zweifel geradeaus durch den Auwald → den Mühlbach überqueren, auf Mühlbach- und Hauptstraße in den Ort → das letzte Stück zu Isarbrücke und Parkplatz auf kleinem Wiesenpfad abkürzen

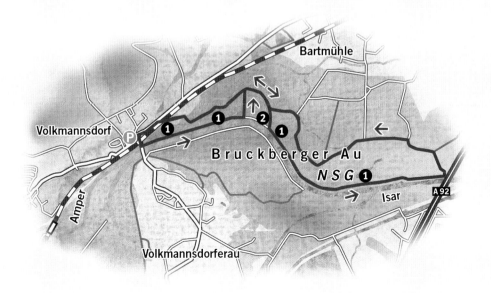

Eine monumentale Erscheinung

Schlosspark, Waldlehrpfad und Wolfgangseiche

„Ich möchte mal nicht so alt werden," sagt der junge Severin beim Anblick des mit Eisenstangen gestützten Baumes nachdenklich. Zuvor ist er im Inneren des hohlen Stammes herumgekraxelt, um am Ende der Kletterpartie wie ein kesser Waldkauz aus dem ovalen Astloch in die weite Welt hinauszuschauen. Die Gefahr, auch nur annähernd das Alter des beeindruckenden Naturdenkmals zu erreichen, besteht nicht: Selbst nach vorsichtigen Schätzungen zählt die Wolfgangseiche bei Neueglofsheim mit 500 bis 700 Jahren zu den ältesten Eichen Deutschlands. Und einer Legende nach soll der Baum, vor dessen markanten Seitenast der heilige Sankt Wolfgang stimmgewaltige Predigten gehalten haben soll, bereits über 1.000 Jahre alt sein. Der kolossale Stamm misst in einem Meter Höhe einen Umfang von über zehn Metern.

Ausgangspunkt unserer Wanderung ist der Park von Schloss Alteglofsheim. Im Mittelalter wechselte der Besitz der feudalen Anlage mehrmals von diversen Regensburger Bischöfen zu bayerischen Herzögen. Seit 1999 organisiert die Musikakademie im Schloss musikalische Events wie Klassik-, Jazz-, Sinfonie- oder Rockkonzerte, die bei schönem Sommerwetter auch im Park oder Schlosshof stattfinden. Die friedvolle Parkanlage lädt zu einem Spaziergang ein. Vom hinteren Teil des Parks hat man den besten Fotoblick auf das Asam-Salettl, das wertvolle Gemälde der Gebrüder Asam beherbergt. Im relativ jungen Mischwald wachsen auch Akazienbäume, die in puncto Schönheit jedoch längst nicht an ihre wesentlich älteren Geschwister in der Landshuter Straße außerhalb des Geländes heranreichen. Wir werden sie uns auf dem Rückweg in den Ort genauer ansehen.

Südlich von Alteglofsheim hat die ansässige Kolpingfamilie mit der Pfarrgemeinschaft St. Laurentius im Frühjahr 2005 einen informativen Waldlehrpfad ❶ errichtet. Insgesamt werden 27 verschiedene Baumarten und allgemeine Naturthemen wie „Wasser und Wald", „Insektenhotel" oder „Ameisenhaufen" auf Schautafeln dargestellt. Eine Besonderheit ist die vom Aussterben bedrohte Wild-Birne, die kalkreiche Böden und warme Standorte bevorzugt und sich gegen schneller wachsenden Bäume nur schwer behaupten kann. Im Frühjahr hebt sie sich durch ihre Blütenpracht von der Waldumgebung ab. Auch der Wild-Apfel, dessen Früchte oft nur gekocht genießbar sind, ist in freier Wildbahn kaum anzutreffen. „Wenn ich an Kopfweh leide und Neurose, mich unverstanden fühle oder alt, konsultiere ich den Doktor Wald", belehrt uns eine Gedichttafel.

Die monumentale Wolfgangseiche gefällt auch Severin (o.). Akazien-Stämme (u.l.) in Alteglofsheim und Wald-Kiefer (u.r.)

Nach der schönen Waldpassage am Eichelberg erreichen wir die knorrige Wolfgangseiche ❷, die sich als idealer Rastplatz anbietet. Nicht nur Kinder kraxeln auf dem imposanten Seitenarm herum und steigen in das Innere des hohlen Stammes. Man muss kein Baumfreund sein, um die spezielle Ausstrahlung dieser uralten Stiel-Eiche zu spüren. Auch am Parkrand von Schloss Haus, 1314 erstmals erwähnt und seit 2008 in Privatbesitz, steht eine sehr mächtige Eiche. Auf einem Heiligenbild schwebt Maria mit Kind auf einer Wolke über der Burg. Der sechs Hektar große Park weist einen schönen alten Baumbestand auf, neben Eichen wachsen hier unter anderem der Feld-, Spitz- und Berg-Ahorn sowie Ahornblättrige Platanen. Ein besonders schönes Exemplar, an dem sich die Borke altersbedingt in dünnen Platten abschält, steht etwa 200 Meter weiter nördlich. Die dem Ahorn ähnlichen Blätter sind auffallend groß und zerfallen nach dem Abwurf relativ spät.

Nach Passieren einer Wegkreuzung lichtet sich der Wald. Im Strauchgehölz wachsen auch einige exotisch anmutende Hiba Lebensbäume – eigentlich ein aus Japan importiertes und in Parkanlagen angepflanztes Zypressengewächs – und Gemeine Eschen. Dann wandern wir direkt auf eine weithin sichtbare Solitär-Kiefer ❸ zu, deren stolze Krone sich über der kleinen Anhöhe majestätisch ausbreitet. Auf der am zerfurchten Stamm befestigten Bitttafel ist wiederum die Heilige Maria abgebildet.

Die Lindenalle führt uns in den Ort Neueglofsheim zurück. Obwohl die Bäume aus der Ferne gar nicht so mächtig aussehen, verfügen sie über stattliche Stämme und eine tief zerfurchte Borke. Das uralte Lindenpaar an der Dreifaltigkeitskapelle ist im Jahr 2010 der Motorsäge zum Opfer gefallen, obwohl sich ein einheimischer Hobbyfotograf anfangs erfolgreich gegen die Fällung zur Wehr gesetzt hatte. Den morschen Stämmen zum Trotz war im Frühjahr immer wieder eine Triebbildung erfolgt, er hätte die Bäume lieber in Würde sterben sehen. „Die Baumgeister werden diesen Sündenfall nicht ohne Weiteres hinnehmen", schrieb er auf seiner privaten Webseite.

Hoffentlich ereilt den acht urwüchsigen Akazien ❹, die an der nördlichen Schlossmauer stehen, nicht das gleiche Schicksal.

Sonnige Wegpassage zwischen Eichelberg und Alteglofsheim

Schwierigkeit 1 • **Strecke** 8 km • **Gehzeit** 2 ½ Std.

Anfahrt

Auto A 93 Regensburg Ausfahrt Bad Abbach, St 2143 nach Köfering, B 15 nach Alteglofsheim, Parkplatz am Schlosspark

Ausgangspunkt Parkplatz Schlosspark (N 48.918876°, E 12.205371°)

Charakter Ein Schlosspark, ein Waldlehrpfad sowie schöne Wanderwege am Eichelberg: Viel Abwechslung auf engem Raum mit begeisternder Baum-Flora

Wegweiser Wanderung A 1 (Rundweg außerhalb von Schlosspark und Waldlehrpfad), zuletzt A 7

Besondere Bäume am Weg Waldlehrpfad ❶, Wolfgangseiche ❷, Kiefer ❸, Akazien ❹

Route Alteglofsheim → Waldlehrpfad → Eichelberg → Neueglofsheim → Alteglofsheim

Rundgang Schloss Alteglofsheim → an der Westseite des Schlosses (Privatweg; Musikakademie) zur Jahnstraße und am Sportplatz dem Südring folgen → Rundgang Waldlehrpfad (❶; kurze Wegstrecke zweimal gehen) → an der Weggabelung leichter Anstieg zum Eichelberg (Ww. Wolfgangseiche) → an der Wolfgangseiche ❷ 100 m rechts zum Schloss in Neueglofsheim → vor dem Schloss rechts in den Wanderweg → im Wald stets auf dem Hauptweg bleiben → ca. 400 m nach Passieren der Wald-Kiefer ❸ rechts nach Alteglofsheim (Ww. A 7) → im Ort auf Lindenstraße und Thalmassinger Straße zur Schlossmauer → Abstecher Landshuter Straße mit Akazien ❹ → Straße Am Schlosshof zum Parkplatz

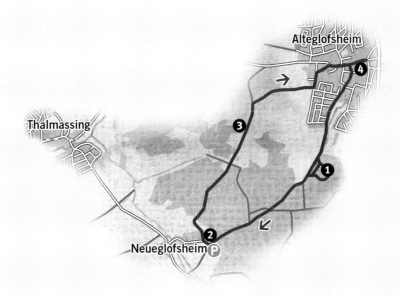

Oase der Wildnis

Urwald, Schachten und Baumwipfelpfad im Nationalpark Bayerischer Wald

Als im August 1983 ein heftiger Gewittersturm dem Bayerischen Wald schweren
Schaden zufügte, reifte bei der Nationalparkverwaltung der Entschluss, den Wald einfach sich selbst zu überlassen. Auch bei den von den Borkenkäfern zu Baumskeletten
niedergefressenen Fichten wandte man das Prinzip „Vergehen und Entstehen" an.
Wohlwissend, dass sich auch im Totholz durch Mikroorganismen und Pilze wertvolle
Biotope entwickeln, die letztlich die Basis für einen frischen natürlichen Mischwald
aus Rot-Buchen, Weiß-Tannen und Berg-Ahorn bilden. Im ausgedehnten Wander-
gebiet rund um den Ort Zwieslerwaldhaus erleben wir vom wilden Urwald über den
ältesten und größten Schachten des Nationalparks bis hin zu Totwaldregionen die
ganze Palette des faszinierenden Bergwalds.

Sonnenuntergang am Ruckowitzschachten mit Blickrichtung Großer Arber

Rundwanderung zu Ruckowitzschachten und Falkenstein

Nur wenige Schritte vom Zwieslerwaldhaus entfernt tauchen wir in das urwaldartige Dickicht ein. Dabei erkennen wir rasch, was die Nationalparkverwaltung unter „Natur Natur sein lassen" versteht: Abgestorbene morsche Baumstümpfe ragen zwischen gesunden Tannen, Buchen und Fichten wie Obelisken meterhoch in die Höhe und faulen vor sich hin. Ein Abstecher ins Unterholz würde aufgrund der zahlreichen quer auf dem Boden liegenden Äste und Stämme zu einem Spießrutenlaufen werden. Das Totholz, ist von Moosen, Flechten und Baumpilzen überzogen. 20

Am Gipfelkreuz des Großen Falkensteins

Vogel- und 400 Käferarten – insgesamt rund ein Drittel aller Tierarten – dient es als Nahrungsquelle und gewährleistet somit ihr Überleben. In den alten Fruchtkörpern der Holzpilze etwa fühlt sich der Baumschwammkäfer wohl.

Nach Durchschreitung des dichten Bergwaldes öffnet sich nahe der tschechischen Grenze am Ruckowitzschachten (1150 m) – einer der ältesten und größten Schachten des Bayerischen Waldes – das seit 1954 unter Naturschutz stehende Gelände. Als Schachten bezeichnet man ehemalige Viehweiden der Bauern, die hier zwischen 1613 und 1962 ansässig waren. Die verstreuten Bäume, die heute ein stolzes Alter von 300 bis 350 Jahren erreichen, dienten dem Vieh als Schattenspender. 1974 wurden auf einer Fläche von 30 Hektar noch 79 Fichten, 52 BergAhorne und 24 Rot-Buchen gezählt. Das Problem ist jedoch, dass es von Jungfichten abgesehen keine Nachfolgegeneration gibt, da junge Baumtriebe in der Regel von der Schneelast erdrückt werden.

1980 fiel der markanteste Ahornbaum einem Brand zum Opfer, doch es gibt noch ausreichend vorzeigbare Exemplare, die dem Wanderer mit dem Großem Arber im Hintergrund als Fotomotiv dienen. Auf der im Alter nicht mehr wachsenden Baumrinde des Ahorns siedeln sich zudem seltene Moose und Flechten an, darunter das dichte Polster bildende Gegenhaarmoos, ein Qualitätssiegel für das ökologisch intakte Biotop. In den Baumkronen entdecken wir mit etwas Glück den Habichtskauz, der im bayerisch-böhmischen Grenzbereich immerhin wieder in einer Population von rund 40 Tieren vertreten

Berg-Ahorn am Ruckowitzschachten (o.l.); Totholz-Stamm (o.r.), Fichten-Wurzelwerk (u.l.) und die imposante Weiß-Tanne im Watzlik-Hain (u.r.)

Seit einiger Zeit überlässt die Nationalparkverwaltung die Windwurfzone am Falkenstein sich selbst.

ist und an der offenen Fläche Jagd auf Mäuse macht. Erwähnenswert ist auch das stabile Vorkommen von Hasel- und Auerhuhn.

Am sogenannten Hochwiesriegel passieren wir eine markante Windwurfzone, die der Orkan Kyrill 2007 hinterlassen hat. Das Areal hatte bereits zuvor in Form einer Sturmschneise und dem sich rasch vermehrenden Borkenkäfer Schaden genommen. Wie stumme Zeugen ragen tote Fichtenstämme in den Himmel. Der 400 Meter lange Erlebnisrundweg liefert Informationen über die Vorzüge eines Totholz-Biotops. Auch die Aussicht auf die umliegenden Täler und Berge ist hervorragend. Vom Gipfel des Großen Falkensteins (1315 m) sind bei klarer Sicht am Horizont sogar die Berchtesgadener Alpen und das Dachsteinmassiv zu erkennen. Direkt unterhalb lädt das Schutzhaus mit schmackhafter Küche zur Einkehr.

Im Abstieg entdecken wir am Fuß des Kleinen Falkensteins, dessen Gipfel auf einem stattlichen Felsvorsprung liegt, einen kleinen Urwaldrest. Im weiteren Abstieg durchwandern wir das reizvolle Gebiet der Steinbachfälle, wo der Bergbach über felsige Kaskaden zu Tale fließt.

Baumriesen am Watzlik-Hain

Von Zwieslerwaldhaus bietet sich eine reizvolle Zugabe auf dem Watzlik-Hain-Erlebnispfad an. Die rund 900 Meter bis zum Wegeinstieg legt man vom Gasthaus Zwieseler Waldhaus wahlweise zu Fuß oder mit dem Auto zurück. Nach einer kurzen Steigung von der Bachbrücke erreichen wir den Einstieg des Erlebnispfades, der parallel zur Forststraße verläuft und nicht gepflegt wird. Kolossale Einzelbäume hinterlassen hier einen prägenden Eindruck. Am imposantesten ist die 50 Meter hohe und uralte Weiß-Tanne am Einstieg des Erlebnispfades. Wie alt sie genau ist, lässt sich ohne Stammquerschnitt kaum schätzen, es ist jedoch sehr wahrscheinlich, dass sie ihre Lebenserwartung von maximal 400 Jahren bereits überschritten hat. Insgesamt nimmt die Tanne heute nur noch rund sechs Prozent des Baumbestandes im Nationalpark ein.

Auf der Forststraße empfiehlt sich der Abstecher zum Schwellhäusl mit Rückkehr auf dem Schwellsteig.

Weltweit längster Baumwipfelpfad am Lusen

Gut 40 km südöstlich von Zwieslerwaldhaus wurde im Nationalparkzentrum Lusen oberhalb von Neuschönau (Navigation Parkplatz: N 48.892085°, 13.489623°) ein Baumwipfelpfad durch die Kronen des Bergmischwaldes eingerichtet. Höhepunkt der 1,3 km langen Route ist die Besteigung des sich elegant um mächtige Bäume herumwindenden luftigen Baumturms. Von der Aussichtsplattform genießt man einen überragenden Ausblick auf den Bayerischen Wald. Drei Erlebnisstationen stellen das Balancegefühl auf die Probe, sechs Informationstafeln veranschaulichen die wilde Waldromantik. Das importierte Holz für Pfähle und Stege stammt von der Douglasie und der Europäischen Lärche. Mehr zum Thema „Vom Waldboden zu den Wipfeln" erfährt man im Rahmen der täglich um 14.30 Uhr startenden Führung (Info: www.baumwipfelpfad.by). Geführte Wanderungen durch den Nationalpark bieten Jutta und Hans Pongratz an (Tel. 01 51 - 44 50 19 59, www.pro-nationalpark.de)

Der luftige Baumturm mit Aussichtsterrasse aus der Vogelperspektive

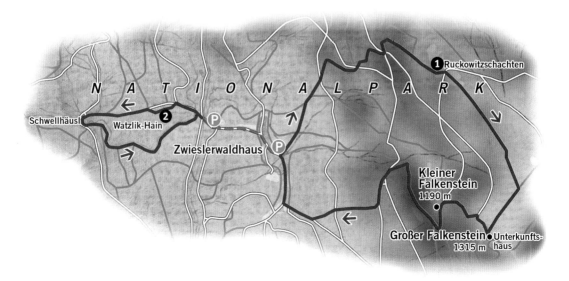

Schwierigkeit 2 (1) • **Strecke** 18 (14+4) km • **Gehzeit** 6 (4¾ + 1¼) Std.

Anfahrt

Auto A 92 Deggendorf, St2135 nach Regen, B 11 an Zwiesel vorbei Richtung Bayerisch Eisenstein, nach Passieren des Nationalparkzentrums Falkenstein rechts Abzweig nach Zwieslerwaldhaus

Ausgangspunkte
- **Großer Falkenstein:** Parkplatz am Zwieseler Waldhaus (N 49.09364°, E 13.247302°)
- **Urwald Watzlik-Hain:** Parkplatz P 2 Brechhäuslau (N 49.096492°, E 13.238139°)

Charakter Die Wanderung zum Großen Falkenstein führt auf anfangs flachen, später etwas steileren Waldwegen zum Schachten. Großartige Aussicht auf den Arber und bis zu den Alpen. Der Urwald-Erlebnisweg Watzlik-Hain weist nur eine kurze Steigung auf und ist deutlich kürzer.

Wegweiser Ruckowitzschachten und Falkenstein bestens beschildert (grünes Dreieck), im Abstieg der Wanderroute „Eiben" folgen; am Watzlik-Hain Rundweg „Schwarzstorch" bzw. Wanderlinie mit grünem Dreieck

Besondere Bäume am Weg Berg-Ahorne ❶, Weiß-Tanne ❷

Einkehr
- Schutzhaus Großer Falkenstein, Tel. 0 99 25 - 90 33 66, www.1315m.de
- Zwieseler Waldhaus, Tel. 0 99 25 - 90 20 20, www.zwieselerwaldhaus.de
- Schwellhäusl, Tel. 0 99 25 - 460, www.schwellhaeusl.de

Karte Kompass Wanderkarte Nr. 198, Bayerischer Wald, 1:50.000

Route Zwieslerwaldhaus → Ruckowitzschachten → Großer Falkenstein → Kleiner Falkenstein → Zwieslerwaldhaus → Schwellhäusl → Zwieslerwaldhaus

Großer Falkenstein: Vis-à-vis vom Gasthaus Zwieseler Waldhaus an der Wegtafel „Erlebniswege im Nationalpark Mittelsteighütte" in den Wald → erst durch urwüchsigen Urwald, dann durch Nutzwald zum Ruckowitzschachten (abzweigende Radwege ignorieren) empor → Genussquerung über den Schachten ❶ zum Großen Falkenstein → im Abstieg zunächst dem Forstweg folgen und dann links zum Kleinen Falkenstein abzweigen → weiter auf angenehmen Waldwegen zum Parkplatz P 1 am Ortsbeginn absteigen → an der Straße rechts zum Zwieseler Waldhaus

Watzlik-Hain: Vom Parkplatz P 2 (ca. 900 m vom Waldhaus entfernt) den Deffernik-Bach überqueren und den Forstweg ein kurzes Stück weit steil empor → nach der Steigung an der Infotafel „Watzlik-Hain" links zu den Weiß-Tannen ❷ und etwa 300 m weit dem unmarkierten Waldpfad folgen → nach dem Erlebnisweg-Abstecher auf dem Forstweg zum Schwellhäusl → hinter dem Weiher auf dem am Kanal entlangführenden Schwellsteig zu Forstweg und Parkplatz zurück

Symbol des Sieges und der Kraft
Vom Weßlinger See nach Delling und Ettenhofen

Die prächtige Eichenallee zwischen Seefeld und Ettenhofen ist die älteste und mit knapp fünf Kilometern längste Europas. Zwar haben längst nicht alle der 765 im Jahr 1770 im Auftrag von Graf Anton Clemens zu Toerring-Seefeld gepflanzten Bäume überlebt, aber auch das verbliebene Ensemble stellt ein bedeutsames Naturdenkmal dar. Während die Allee von Delling Richtung Seefeld entlang der Staatsstraße verläuft, ist der eindrucksvolle Abschnitt in Richtung Hofgut Ettenhofen für Spaziergänger wie geschaffen. Hier geht die Eichen- sogar in eine imposante Eschenallee über, auf der man laut Unser-Dorf-Redakteur Gottfried Weber „wie durch die Säulenreihe einer gotischen Kathedrale schreitet".

Faszinierende winterliche Baum-Silhouette: Stiel-Eiche am Gut Ettenhofen

Sommerliche Stiel-Eiche in der Eichenallee bei Delling und herbstliche Hänge-Birke am Weßlinger See

Unser Ausgangs- und Zielort Weßlinger See ist zu jeder Jahreszeit einen Aufenthalt wert. Während die bewaldete Ostseite von markanten Buchen dominiert wird, stehen im offenen Uferbereich auch einige sehr schöne Birken, Grau-Erlen, Silber- und Trauer-Weiden und Eichen sowie am Südwestufer sogar Eiben ❶. Die verschiedenen Laubbäume präsentieren sich im Oktober in einer herrlich bunten Farbmixtur. Da der See mangels Zu- und Abfluss immer wieder umzukippen droht, ist das Füttern von Vögeln strikt untersagt.

Wir verlassen Weßling in Richtung Steinebach und gelangen über Felder in den Wald. Baumtechnisch wird die Wanderung erst ab Meiling wieder interessant, denn hier dringen wir in das Reich der außergewöhnlichen Eichenallen ein. Der Wiesenweg verläuft parallel zur Staatsstraße, deren Eichenallee-Charakter ❷ auch aus wenigen hundert Metern Entfernung bestens auszumachen ist. Unterwegs passieren wir ein uraltes Exemplar, das in seiner geduckten Haltung breiter ist als hoch. Bereits hier erahnen wir, was der Gartenkünstler Friedrich Ludwig von Sckell im Jahr 1818 mit der Würdigung der Eiche im vorchristlichen Deutschland zum Ausdruck bringen wollte: „Die Eiche war dem Jupiter heilig, sie war auch noch der Ceres, der Vesta, der Rhea, dem Bachus und dem Sylvan zugeeignet. Der Eichenkranz war das Symbol des Sieges, und der Eichenbaum selbst das Symbol der Kraft. Die Bürgerkrone der Römer war von Eichenlaub gewunden. Die Dichter und Künstler wurden mit Kränzen von Eichen-

Wandern mit Genuss in der imposanten Eichenallee

von kräftigen Jungbäumen in den entstandenen Lücken soll den Alleecharakter am Leben erhalten. Frühere Bemühungen, ausgehöhlte Stämme mit Beton-Plomben zu füllen, hat das Absterben der Bäume nur beflügelt.

Noch vor Erreichen des stattlichen Einzelgehöfts, ein Ort mit 1250-jähriger Geschichte, geht die Eichen- abrupt in eine Eschenallee ❹ über. Hier betreibt die Familie Schaberer seit Jahrzehnten eine Tierzucht von schottischen Galloway-Rindern, die friedvoll vor der Kulisse weiterer knorriger Eichen weiden. Eine moderne Anlage verarbeitet und lagert nach ökologischem Landbau-Prinzip über 1.000 Tonnen Getreide.

Stiel-Eiche (Quercus robur)

Familie Buchengewächse

Lebensraum Bevorzugt lichtdurchflutete Standorte mit tiefgründigen Lehm- oder Tonböden

Borke Dunkelgrau bis braungrau, im Alter tief gefurcht

Blatt Unregelmäßige Lappung, Blattgrund schmäler als die Mitte

Blüte Gebüschelte männliche Kätzchen und weibliche Blüten in langstieligen Ähren mit gelbroten Narben

Frucht Die Nussfrucht (Eichel) sitzt zu knapp einem Drittel in einem flachen Becher.

Besonderheit Durch den auffälligen Habitus – der Stamm teilt sich bereits nach wenigen Metern in kräftige, knorrige Äste – ist die Stiel-Eiche bereits von Weitem gut zu erkennen.

Fundstellen unterwegs Am Weßlinger Seeufer, Eichenallee zwischen Gut Delling und Gut Ettenhofen

laub geehrt; Philemon wurde in eine Eiche verwandelt. Die Eichenhaine waren die ersten Tempel der Teutschen, die ihnen zur Religions-Feyer dienten."

Am Gut Delling biegt die Eichenallee von der Staatstraße ostwärts zum Gut Ettenhofen ab. Dabei durchwandern wir auf einer Länge von 700 Metern das Aubachtal. Imposante Bäume stehen am Wegesrand – darunter überraschenderweise auch eine seltene Wild-Birne! ❸ –, doch bei jedem Sturm oder Nassschnee droht sich der Bestand aufgrund von Entwurzelung oder Astbruch zu reduzieren. Die Pflanzung

Schwierigkeit 1 • **Strecke** 9 km • **Gehzeit** 2 ½ Std.

Anfahrt

ÖVM S 8 von München nach Weßling

Auto A 96 Ausfahrt Weßling, St 2068 nach Weßling, Parkplätze im Ort

Ausgangspunkt Bahnhof Weßling (N 48.07709°, E 11.251277°)

Charakter Leichte Wanderung auf breiten Kies- und Teerwegen mit schönen Allee- und Seeuferpassagen

Wegweiser Abschnittweise Markierung Dreieck mit grünweißem Ring

Besondere Bäume am Weg Europäische Eibe **❶**, Eichenallee **❷**, Wild-Birne **❸**, Eschenallee **❹**

Einkehr
- Café am See, Weßling, Tel. 0 81 53 - 16 63, www.cafe-wessling.de
- Landgasthof zum Sepperl, Dorfstr. 35, Meiling, Tel. 0 81 53 - 34 06, www.sepperlwirt.de

Karte Kompass Wanderkarte Nr. 180, Starnberger See und Ammersee, 1:50.000

Route Weßling → Meiling → Delling → Ettenhofen → Weßlinger See → Weßling

Bahnhofstraße in Weßling nach Südwesten, Hauptstraße überqueren und Mariengaßl zum Weßlinger See → am Seeuferweg rechts **❶** → nach Einmündung in die Teerstraße rechts an der Kirche vorbei und rechts in den Steinebacher Weg → hinter dem Sportgelände an der Y-Kreuzung links → am zweiten Forstweg-Abzweig links (Rad-Ww. Meiling und Seefeld) → in Delling links in den Dellinger Weg → an der T-Kreuzung rechts in die Eichenallee **❷**, die St 2068 unterqueren (Privatweg) und an der T-Kreuzung rechts → der links abzweigenden Ettenhofener Straße ostwärts folgen **❸** (Eichenallee) → nach dem Anstieg Abzweig links über das Ettenhofer Gut Richtung Weßling **❹** → Straße Am Karpfenberg links und rechts Fußweg zum Weßlinger See → den See bis zur Einmündungsstelle des Hinwegs umrunden und rechts zum Bahnhof zurück

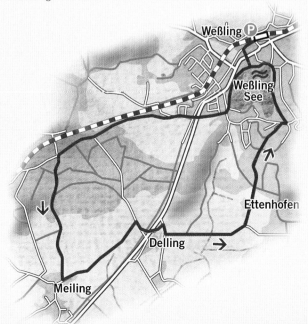

Baumriesen, Naturerbe und Artenvielfalt
Rundwanderung im Bernrieder Park

Um 1860 beauftragte August von Wendland, bayerischer Gesandter am französischen Hof, den Landschaftsgärtner Carl von Effner und dessen Sohn Carl Joseph mit der Gestaltung des Bernrieder Parks nach englischem Vorbild. Dabei wurden im 80 Hektar großen Parkareal einige Solitärbäume gepflanzt, die wir auch heute noch bewundern dürfen. Den Erhalt des einzigartigen Reichtums an alten Bäumen will das BayernNetz Natur-Projekt „Bernrieder Vorsprung – Baumriesen, Naturerbe und Artenvielfalt am Starnberger See" sichern. Hierfür werden in einem sogenannten Altbaumkataster mit Unterstützung der Bevölkerung einige hundert Bäume zur besseren Pflege erfasst.

Warum der Bernrieder Park unter Landschafts- und Denkmalschutz steht, erkennt der Besucher auf Schritt und Tritt. Bereits auf dem Weg an das malerische Seeufer passieren wir vis-à-vis der Klostermauer die Nussallee, deren Bäume im strengen Winter 1922/23 allerdings erfroren und durch Linden ersetzt wurden. Etwas weiter Richtung See fällt linkerhand neben einer schönen Esche ein uraltes Linden-Duo ❶ ins Auge: Die Stämme weisen an der Basis bereits starke Geschwülste auf, die durch eine Pilzinfektion von Rinde und Holz erfolgt sind.

Auf dem malerischen Uferweg laden mehrere Badebuchten und Ruhebänke zum Schwimmen und Verweilen ein. Auch das Alpenpanorama ist im Hintergrund bei schönem Wetter klar zu erkennen, und in Feuchtnischen sprießt im Frühsommer gar die gelb blühende Sumpf-Schwertlilie. Gemeine Eschen – als ob sie vom Eschentriebsterben noch nie etwas gehört hätten –, Ahornbäume,

„verliebte", weil zusammengewachsene Buchen und Birken nehmen die schönsten Logenplätze am Seeufer ein. An der sogenannten Baronstadelwiese entdecken wir die ersten knorrigen Eichen-Solitäre. Der abzweigende Seeleitenweg führt zur Wotan-Eiche, die 2013 einen massiven Astbruch verkraften musste.

Die kolossale Methusalem-Eiche ❷ ist direkt vom Uferweg aus zu bewundern. Der eingezäunte Baum weist jedoch einen Spalt auf, der bis zur Stammbasis hinab reicht. Ein quer durch die Krone gespanntes Sicherungsseil soll ein Auseinanderbrechen verhindern, und um sie sturmresistenter zu machen, hat man ihr einige abstehende Äste entfernt. Mit ihrer rissigen Rinde und ausladenden Krone trägt sie zur Artenvielfalt bei: Bis zu 1.000 verschiedene Insekten, darunter der Hirschkäfer und die vom Aussterben bedrohten Arten Heldbock und Eremit, finden hier ihre Lebensgrundlage. Ralf Strohwasser, Leiter des Projekts „Bernrieder

Prächtige Sommer-Linde bei Bernried

Ein Sicherungsseil soll den drohenden Kronenbruch der
Methalusalem-Eiche im Bernrieder Park verhindern.

Naturdenkmal Eiche

Ab dem stattlichen Alter von 300 Jahren gehört ein Baum zum Kreis der „Methusaleme".
Die Eiche bei Bernried könnte sogar schon
über 400 Jahre alt sein. Sie steht leicht erhöht
über dem Starnberger See und hatte bereits
dreimal Glück, als der Blitz in die benachbarte jüngere Eiche einschlug. Mit einer
Höhe von etwa 15 m, einem Kronendurch-
messer von 10 m und einem Stammumfang
von 8,40 m erreicht sie stattliche Maße.
Der Baum ist nur wenige hundert Meter
vom Wanderparkplatz am Ausgangspunkt
entfernt.

Herabhängende Früchte der Kaukasischen Flügelnuss (o.l.), Wanderweg im Bernrieder Park mit Buchen (o.r.) und Seeblick (u.r.), Naturdenkmal Eiche bei Bernried (u.l.)

Vorsprung", hatte bei einem Pressetermin gar scherzhaft vom „gefürchtetsten Käfer Deutschlands" gesprochen, da aus Baumschutzgründen schon Großprojekte wie Stuttgart 21 zu scheitern drohten.

Nach Passieren des Teehauses, der einzigen Bebauung im Parkareal, trifft man auf eine Weggabelung. Geradeaus würde es nach Seeseiten weitergehen, wir aber biegen rechts in das Totholzareal ❸ ab. Hier werden umgefallene oder absterbende Bäume nicht weggeräumt, sondern sich selbst überlassen. Wohlwissend, dass sich in einem intakten Totholz-Biotop höhlenbrütende Vogel- und Säugetierarten wie Spechte, Fledermäuse und Siebenschläfer ansiedeln, die wiederum Raubtieren wie Wiesel oder Waldkauz wertvolle Nahrung bieten. Die Hauptarbeit, Totholz zu zersetzen und dem Boden somit wertvollen Humus zuzuführen, leisten die Pilze. Die bunte Schmetterlingstramete etwa besiedelt totes Laubholz, während der gelbbraune Rauchblättrige Schwefelkopf totes Nadelholz bevorzugt.

Auch am Rand des Eichenhains entdecken wir faszinierende Totholz-Baumstümpfe. In diesem Bereich wurden einige alte Bäume, darunter zahlreiche Eichen, freigestellt, um durch eine klare Licht- und-Schatten-Bildung den ursprünglichen Hütungswald in Kombination mit partiellen Weideflächen zu fördern. Direkt am Wegesrand stoßen wir auf eine markante Buchengruppe ❹, deren Stämme sich teils ineinander verdrehen und majestätisch in die Höhe streben. Auch zu einer „Verbrüderung" mit anderen Baumarten ist die Buche zu haben, wie wir an anderen Stellen beobachten können.

Wertvolles Insekten-Biotop: ein liegender Totholz-Stamm

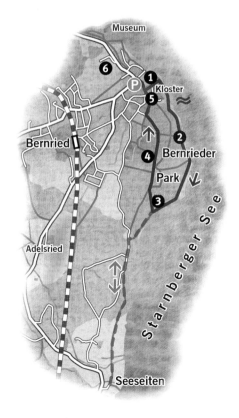

Schwierigkeit 1 • **Strecke** 5 km • **Gehzeit** 2 Std.

Anfahrt

ÖVM S 6 von München nach Tutzing und Regionalbahn (RB) nach Bernried oder S 6 nach Starnberg und mit dem Dampfer übersetzen

Auto A 95 bzw. A 952 nach Starnberg, B 2 Richtung Weilheim, Ausfahrt Tutzing, im Ort rechts St2063 nach Bernried

Ausgangspunkt Parkplatz Bernried (N 47.867667°, E 11.293645°)

Charakter Entspannung pur auf den Spazierwegen am Westufer des Starnberger Sees. Bei Bedarf kann man die Wanderung bis Seeseiten (+ 4 km hin und zurück) erweitern.

Wegweiser Infotafeln (Orientierung: König-Ludwig-Wanderweg, Franzosenweg, Prälatenweg, Mittlerer Parkweg) im Bernrieder Park

Besondere Bäume am Weg Linde ❶, Methusalem-Eiche ❷, Totholz ❸, Buchen ❹, Kaukasische Flügelnuss ❺, Eiche bei Bernried ❻

Karte Kompass Wanderkarte Nr. 180, Starnberger See und Ammersee, 1:50.000

Route Bernried → Bernrieder Park → Bernried

Bernrieder Park: Vom Parkplatz dem Weg am Kloster vorbei mit Blick auf die stattliche Linde ❶ an das Seeufer folgen (Ww. Strandbad) → am Seeufer rechts in den Bernrieder Park → nach Passieren von Methusalem-Eiche ❷ und Teehaus an der Weggabelung rechts in das Totholzareal ❸ abbiegen → an der T-Kreuzung rechts (Schild Prälatenweg) → an der Y-Kreuzung links über den Eichenhain ❹ aus dem Park heraus → den Klosterhof ❺ überqueren und zum Parkplatz zurück
Eiche bei Bernried: Vom Ortskern die Tutzinger Straße 300 m weit Richtung Tutzing, dann links zum neuen Hofgut abbiegen, Naturdenkmal Eiche ❻ ca. 200 m Meter Richtung Ort (N 47.868668°, E 11.289396°)

Bald erblicken wir hinter einer weiteren mächtigen Solitär-Alteiche die ehemalige Stiftungskirche St. Martin, die nach der Zerstörung im 30-jährigen Krieg und infolge des Mitte des 17. Jahrhunderts erfolgten Wiederaufbaus barockisiert wurde. 1734 fiel der Kirchturm einem Blitzschlag zum Opfer, erst 140 Jahre später folgte ein Neubau. Im Klosterhof wächst die kaukasische Flügelnuss ❺, ein ursprünglich in den Bergwäldern vom Kaukasus bis zum nördlichen Iran beheimateter und seit 150 Jahren auch in die mitteleuropäischen Parks importierter Baum-Exot. Besonders auffällig sind die ab Spätsommer senkrecht von den Ästen herabhängenden Früchte, und im Herbst verzaubern seine großen goldgelben Blätter den Betrachter.

Im Bann mehrstämmiger Buchen

Rundtour zwischen Andechs und Pähl

Statistisch betrachtet ist jeder siebte Baum im heimischen Mischwald eine Rot-Buche, was ihr unter den Laubbaumarten den ersten Platz einbringt. Während im Frühjahr das zarte Blattgrün im Schein der Sonne den Wald verzaubert, nutzen im Herbst vom Eichhörnchen bis zur Wildsau zahlreiche Waldtiere die wohlschmeckenden Bucheckern als wertvolle Nahrungsquelle. An ihrer selbst im Alter glatten Rinde ist die Rot-Buche auch von Laien leicht zu erkennen. Und wie faszinierend sich der Baum als Solitär und in verspielten Gruppen entwickeln kann, können wir an mehreren Stellen am Pähler Höhenweg bewundern.

Herbstlaub-Rot-Buche am Pähler Höhenweg mit Ammerseeblick

ereits beim Eintritt vom Wanderparkplatz in den Wald ist die Buche mit
ihrem dichtgrünen Blätterdach omniprä-
sent. Nach einem sanften Anstieg mündet
der Pähler Höhenweg in offenes Wiesen-
gelände mit herrlichem Blick auf den
Ammersee. Mächtige Buchen und Eichen
bieten vor allem während der herbstlichen
Blattfärbung perfekte Fotomotive. Anschließend führt der Weg mehrere hundert
Meter an einem von Buchen geprägten
Waldstück entlang. Bereits hier erblicken
wir einige prächtige Exemplare mit aus-
wucherndem Wurzelwerk. In der Folge
tauchen vermehrt auch schöne Wald-
Kiefern, Eschen und Ahornbäume auf.

Nach Passieren des Haushofer-Gedenk-
steins – der in Pähl verstorbene deutsche
Offizier und Geograph Karl Haushofer
hatte im Dritten Reich durch die Verbrei-
tung umstrittener geopolitischer Thesen
eine zwielichtige Rolle gespielt – erreichen wir die erste urtümliche Rot-Buche
❶. Oberhalb der mächtigen Stammbasis
schießt der Baum – teilweise von Rissen
und Spalten durchsetzt – mehrstämmig
und im weiteren Verlauf nochmals auseinander driftend in die Höhe. Auf der glatten
Rinde siedeln sich bereits Flechten und
bedingt essbare weiße Buchenschleim-
rüblinge an. Das Phänomen „Mehrstäm-
migkeit" lässt sich auch weiter südlich an
weiteren Rot-Buchen festhalten. „Ich steh'
am Wege stumm und still, lass jeden vorbei, der kommen will. Nicht alle haben einen Blick für mich, so viele denken oft nur
an sich." Diese erste Strophe des Gedichts
„Wegkreuz" (Schild an der Hardtkapelle)
könnte auch von der stolzen Rot-Buche
stammen. Zudem bereichern knorrige

Stiel-Eichen mit schlangenartigen Seitenästen und hochgewachsene Birken die viel-
seitige Baum-Flora.

Am Hochschlossweiher empfehlen wir
die unmarkierte Wegvariante, die vom
Nordufer mit Badestelle und malerischem
Seeblick über einen abermals von mäch-
tigen Buchen flankierten Hohlweg nach
Pähl hinabführt. Am Rand der weiten
Tiefebene entdecken wir einen alten Berg-
Ahorn und einen kräftigen Kirschbaum.
Die verlorenen Höhenmeter gewinnen wir
beim folgenden Gegenanstieg zum Pähler
Schloss wieder zurück.

Die mit einem Stammumfang von über
acht Metern imposant wirkende Linde
am Pähler Hochschloss ❷ liegt versteckt
im privaten Eingangsbereich, ist aber
von außen einsehbar. Vom Schlosspark
aus betrachtet würde der Baum-Veteran
ohnehin keine gute Figur mehr abgeben,
da die südseitige Stammhälfte die Fehl-
behandlung mit Beton – womit man den
Fäulungsprozess eigentlich eindämmen
wollte – nicht überlebt hat. Immerhin haben sich am hohlen Stamm bereits einige
jüngere Asttriebe gebildet, was den Baum
noch pittoresker erscheinen lässt. Sie streben eifrig dem Sonnenlicht entgegen und
sind auch üppig belaubt. Nach Schätzungen ist die Linde zwischen 400 und 1.000
Jahren alt. Ob sie, wie in der Schlosschro-
nik erwähnt, bereits zu Zeiten von Karl des
Großen (768-814), der hier einer Legende
nach seine Jugend verbracht haben soll,
existierte, ist jedoch nicht bewiesen.

Auch das nördlich angrenzende Parkareal der Golfanlage weist einen prächtig
eingewachsenen alten Baumbestand auf.
Allein an der Zufahrtsallee zum Schloss

An der mehrstämmigen Buche (l.) wächst der weiße Buchen-Schleimrübling (o.)

Rot-Buche (Fagus sylvatica)

Familie Buchengewächse

Lebensraum Außer in Feucht- und Überschwemmungsgebieten fast überall vorkommend

Borke Rinde anfangs graugrün, später asch- bis silbergrau, auch im Alter dünn und glatt, nur selten Borkenbildung

Blatt Elliptisch bis breit eiförmig, wechselständige Anordnung, Oberseite glänzend dunkelgrün, beim Sprießen am Rand hellgrün und flaumig behaart

Blüte Mit dem Blattaustrieb ab Ende April bilden sich weibliche (2 Blüten mit gebogenen gelbgrünen Nabenlappen) und männliche (zottig behaart und vielblütig) Blütenstände.

Frucht Die schmackhaften dreikantigen Samen (Bucheckern) verbergen sich vor der Reife im September in einer braunen Schale mit weichen Stacheln.

Besonderheit Die Rot-Buche hat ihren Namen aufgrund ihres im Vergleich zur Hainbuche leicht rötlich gefärbten Holzes erhalten – ihre Blätter sind im Gegensatz zu jenen der Blut-Buche grün. Das wenig elastische Holz fault jedoch relativ schnell und kann somit nur zur Herstellung von Zimmermöbeln verwendet werden.

Fundstellen unterwegs Mehrere eingewachsene und markante Exemplare entlang des Pähler Höhenwegs

„Schlangen-Ast" einer Stiel-Eiche (o.), Pähler Schlosslinde (u.)

Herrliche Rot-Buche am Pähler Höhenweg

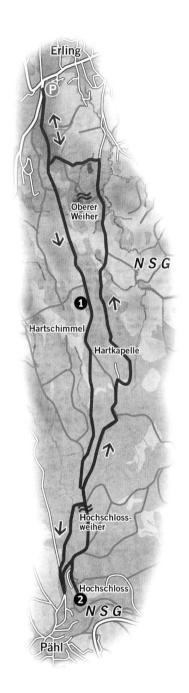

wachsen wunderschöne Stiel-Eichen, Berg-Ahorne, Kastanien und Linden. Die im Gelände verstreuten sieben römischen Grabhügel stehen unter Denkmalschutz. Immerhin können auch Nichtgolfer hier flanieren, ohne böse Blicke zu ernten; das Restaurant versucht sogar ausdrücklich mit dem Hinweis „Wanderer erwünscht" Gäste anzulocken. Und immerhin wurde der Golf-Club als erste Golfanlange Bayerns mit der Urkunde „Umweltpakt Bayern" ausgezeichnet; mitverantwortlich für diese Ehrung ist ein Baumpflegekataster und der weitestgehende Verzicht auf die Verwendung von Spritz- und Düngemitteln.

Unser Rückweg führt anfangs mitten durch das Golfareal hindurch. Hinter dem Hochschlossweiher folgt erst einmal eine längere Waldpassage, die baumtechnisch weniger interessant ist als der Pähler Höhenweg, jedoch fast meditativen Charakter hat. Erst im Maimoos öffnet sich das Gelände wieder. Einige Stiel-Eichen-Solitäre, eine schöne Silber-Weide und eine Kandelaberfichte (siehe Tour 21) erfreuen das Auge. Richtung Oberer Weiher tauchen wir dann wieder in den Schatten ein.

Schwierigkeit 1 • **Strecke** 14 km • **Gehzeit** 4½ Std.

Anfahrt

ÖVM S 8 von München nach Herrsching

Auto A 96, Ausfahrt Weßling, St 2068 nach Herrsching, St 2067 nach Erling bei Andechs, am Ortsbeginn rechts Richtung Fischen, Parkplatz nach 300 m

Ausgangspunkt Parkplatz bei Erling (N 47.961357°, E 11.176883°)

Charakter Landschaftlich sehr abwechslungsreiche Wanderung zwischen Andechs und Pähl in leicht hügeligem Terrain. Während der Pähler Höhenweg von großartigen Ausblicken in das Ammertal und die Alpen lebt, führt der Rückweg durch Waldgebiet und das Naturschutzgebiet Maimoos.

Wegweiser Pähler Höhenweg bestens beschildert, der Rückweg verläuft auf dem Radwanderweg Richtung Andechs. Variante am Hochschlossweiher siehe Text

Besondere Bäume am Weg Mehrstämmige Buchen am Pähler Höhenweg ❶, Linde auf Schloss Pähl ❷

Einkehr Restaurant im Golf-Club Hohenpähl, Tel. 0 88 08 - 924 79 24 (Wanderer willkommen)

Karte Kompass Wanderkarte Nr. 180, Starnberger See und Ammersee, 1:50.000

Route Erling → Hartkapelle → Hochschlossweiher → Pähl → Pähler Schloss → Hochschloss-weiher → Maimoos → Oberer Weiher → Erling

Vom Wanderparkplatz leicht ansteigend in den dichten Wald und über freie Wiesen südwärts → an der Weggabelung rechts halten (Ww. Pähl über Hartkapelle) und an einigen mehrstämmigen Buchen ❶ vorbei → am Hochschlossweiher rechts in den breiten Weg (Schranke passieren), der am Westufer in einen Pfad und später in einen Hohlweg übergeht → an der Wegeinmündung links Richtung Pähl → an der Straßenkreuzung links Anstieg auf dem Teerweg (Ww. Andechs übers Mai-moos) → am Golfplatz rechts zur Linde auf Schloss Pähl ❷ → nach dem Abstecher über das Golf-gelände nordwärts → an den beiden Y-Kreuzungen jeweils rechts halten → am Unteren Weiher links (Schild „Wildtierschutz ist Naturschutz") → nach dem kurzen Anstieg rechts zum Parkplatz

Idyllischer Hochschlossweiher

Im magischen Eibenwald

Rundweg zwischen Wessobrunn und Paterzell

Durch die vom Menschen überstrapazierte Nutzung für Kriegs- und Jagdwaffen – bereits der berühmte Steinzeit-Ötzi ist mit einem Bogen aus Eibenholz gefunden worden – hat das natürliche Vorkommen der Europäischen Eibe stark gelitten. Auch die Ausdehnung der Buche hat dem Bestand sehr geschadet. Der Eibenwald bei Paterzell gilt mit über 2.000 teils sehr alten Bäumen als das größte Refugium in ganz Deutschland. Hier profitiert die Eropäische Eibe vom kalktuffartigen Untergrund, über dem sich nur flache Bodenschichten bilden, was wiederum der Buche weniger gefällt. Dass die Eibe im Schatten größerer Bäume bestens gedeihen kann, erlebt man beim Rundweg durch den Eibenwald auf Schritt und Tritt. Und wer in den oft wulstig-gewundenen Stämmen seltsame Wesen erkennt, spürt den magischen Zauber des einzigen heimischen Giftbaumes.

Vom Pracht-Exemplar bis zum Baum-Veteran zeigt die Eibe all ihre Facetten.

Für die Erkundung des Eibenwaldes könnte man auch direkt nach Paterzell fahren und sich auf das Naturschutzgebiet beschränken. Doch auch die Verbindungswege von und nach Wessobrunn sind landschaftlich sehr reizvoll und voller spannender Baum-Entdeckungen. Nach der Durchquerung des Schlittbachgrabens etwa stoßen wir auf eine Gruppe von Berg-Ulmen ❶, die im April noch vor dem Blattaustrieb zu blühen beginnen. Während die Blätter sprießen, bilden sich hübsch anzusehende Flügelfrüchte, in deren Mitte der ovale rötliche Samen klar erkennbar ist. Die Bäume, die während der ersten 30 Jahre rasch wachsen, sind noch in einem jugendlichen Alter. Die Berg-Ulme ist vom Aussterben bedroht und somit eine Rarität (siehe Tour 14).

Auch Obstbäume wachsen hier mitten im Bergwald. Die nächste Besonderheit, ein im Frühjahr mit seinen leuchtend-karminroten Blättern auffallender Blut-Ahorn, befindet sich im privaten Gartengrundstück nach Überqueren der Landstraße. Von hier blicken wir an einem stattlichen Eichen-Solitär vorbei in die Ebene mit Raisting und dem Ammersee. Am nahen Waldrand überblicken mächtige Buchen die Szenerie. Mit Eintreten in den Wald tauchen die ersten Eiben im Mischwald auf. In Sichtweite eines sprudelnden Bachs erfolgt der kurze Abstieg nach Paterzell.

Europäische Eibe (Taxus baccata)

Familie Eibengewächse

Lebensraum Extrem schattige, wintermilde Waldstandorte mit hoher Luftfeuchtigkeit, Boden variabel

Borke Grau- bis rotbraune Schoppenborke, die sich aus einer glatten Rinde bildet und im Alter in kleinen Platten ablöst.

Blüte Weibliche Blüte unauffällig grünlich, männliche Blüte aus mehreren Staubblättern mit 6–8 gelblichen Pollensäcken

Blatt Weiche und biegsame Nadeln am Leittrieben sichel- bis spiralförmig gebogen, an Seitenästen zweizeilig stehend

Frucht Die ab August reifende rote „Beere" ist botanisch betrachtet mangels Fruchtknoten keine Frucht, sondern ein Samenmantel (Arillus)

Besonderheit Mit Ausnahme des roten Samenmantels sind alle Pflanzenteile sehr giftig.

Fundstellen unterwegs Vereinzelte Eiben beim Abstieg nach Paterzell, im Eibenwald zahlreiche Exemplare

Die unverwechselbaren Flügelfrüchte der Berg-Ulme entwickeln sich gemeinsam mit den Blättern (l.). Imposanter Birnbaum (r.)

Blut-Buchen-Laub in Paterzell, Edenhofer Linde, Wessobrunner Linde, Tassilo-Linde (im Uhrzeigersinn)

Rundgang durch den Eibenwald

Vom Ortszentrum ist der Eibenwald-Lehrpfad ❷ in gut zehn Minuten zu erreichen. Auf zehn Stationen erfahren wir Hintergründiges zu diesem mystischen Baum. Faszinierend ist, mit wie wenig Licht er auskommt. Obwohl er im Schatten der hochgewachsenen Fichte, Tanne und Buche steht, überlebt er seine Baum-Geschwister um mehrere hundert Jahre. Sein Wurzelwerk windet sich teils filigran aus der Erde, ältere Stämme sind mit ihrer gerillten Struktur und den sich abschälenden Borkenplättchen wahre Kunstwerke. Da die giftimmunen Rehe mit Freude an den Eiben naschen, müssen junge Baumtriebe durch Umzäunung geschützt werden. Der Mensch würde bei einem Konsum von 50 Gramm den raschen Herztod erleiden.

Annette von Droste-Hülshoff beschreibt den „verbotenen Baum" in einem Gedicht wie folgt: „Du starrtest damals schon / So düster treu wie heut / Du unsrer Liebe Thron / Und Wächter manche Zeit / Man sagt, dass Schlaf, ein schlimmer / Dir aus den Nadeln raucht / Ach, wacher war ich nimmer / Als rings von dir umhaucht." Die stärkste Eibe des Waldes kann leider nicht mehr hauchen, sie fiel einem Brandanschlag zum Opfer.

Nach einer Stärkung im Landgasthof Zum Eibenwald – im Ort bewundern wir noch den herrlichen Birnbaum ❸ und eine üppig wuchernde Blut-Buche ❹ – überwinden wir auf malerischem, teils treppenförmig angelegtem Pfad eine steile Waldstufe. Im Frühjahr ist der Waldboden, so weit das Auge reicht, mit frischem Bärlauch übersät. Am Ortseingang von Schlit-

ten begrüßt uns die alte Tassilo-Linde ❺, eine Station der Landsberger „Von-Baum-zu-Baum"-Route. Bei jenem Baum, an dem Bayernherzog Tassilo bei einer Jagd im 8. Jahrhundert vorbeigeritten sein soll, muss es sich jedoch bei allem Respekt um eine ehrwürdige Vorgänger-Linde gehandelt haben. Der Stamm ist gespalten und teilweise ausgehöhlt. Eine weitere urwüchsige Linde entdecken wir am Edenhof ❻: Vom breiten Stammsockel streben zahlreiche Nebenstamm- und Aststränge fächerartig in die Höhe, um sich in einem ausladenden Kronendach zu vereinen.

Auch die bis zu 700 Jahre alte und einen Umfang von über 13 Metern messende Linde in Wessobrunn ❼ trägt den Namen Tassilo. Unter dieser Linde soll der Herzog einer Legende nach einen Traum mit auf einer Leiter zu einer Wasserquelle hinauf- und hinuntersteigenden Engeln gehabt haben. Genau an der Stelle, an der sein Gehilfe Wesso die Quelle entdeckte, gründete der Herzog im Jahr 753 das Benediktinerkloster. Die mächtige Winter-Linde befindet sich an der Ostseite des Klosters.

Schwierigkeit 1–2 • **Strecke** 10 km • **Gehzeit** 3 Std.

Anfahrt

Auto A 95 Ausfahrt Sindelsdorf, B 472 und B 2 nach Weilheim, St 2057 Wessobrunn, am Ortsbeginn links in die Zimmermannstraße und links Abzweig zum Parkplatz

Ausgangspunkt Parkplatz in Wessobrunn westlich vom Sportplatz (N 47.869469°, E 11.023933°)

Charakter Der Lehrpfad im Eibenwald ist flach und erholsam, die Verbindungswege von und nach Wessobrunn hingegen mit kurzen Anstiegen versehen. Wechsel zwischen bequemen Waldwegen und ruhigen Teerwegen

Wegweiser Paterzell und Eiben-Lehrpfad gut beschildert, auf dem Rückweg Wegweiser „Schlitten / Wessobrunn", zuletzt König-Ludwig-Weg

Besondere Bäume am Weg Berg-Ulmen ❶, Eibenwald ❷, Birnbaum ❸, Blut-Buche ❹, Tassilo-Linde Schlitten ❺, Linde bei Edenhof ❻, Tassilo-Linde Wessobrunn ❼

Einkehr Landgasthof Zum Eibenwald, Tel. 0 88 09 - 92 0 40, Peißenberger Str. 11, Paterzell, www.landgasthof-eibenwald.de

Karte Kompass Wanderkarte Nr. 179, Pfaffenwinkel, 1:50.000

Route Wessobrunn → Paterzell → Eibenwald → Paterzell → Schlitten → Wessobrunn

Vom Parkplatz wenige Meter ostwärts und am Sportplatz rechts in den Waldweg (Ww. Paterzell) → nach dem Abstieg Schlittbachbrücke überqueren und nach dem Gegenanstieg bequem durch den Wald ❶ → Straße geradeaus überqueren (Ww. Eibenpfad) und mit Blick auf Ammersee und Raisting ostwärts → am Waldrand rechts und nach kurzer Steigung in das NSG Eibenwald bei Paterzell → nach der Bachüberquerung links nach Paterzell absteigen → links in den Quellenweg, 1. Straße nach dem Eibenweg rechts und an der Kreuzung St.-Ulrich-Weg / Peißenberger Straße Radweg Richtung Wessobrunn zum Eibenwald folgen
Eibenwald-Rundweg ❷ und wieder nach Paterzell zurück → 100 m vor der Straßenkreuzung links am markanten Birnbaum ❸ vorbei zum Landgasthof Eibenwald → Penzberger Straße nordwärts und links in den St.-Ulrich-Weg (Ww. Schlitten, ❹) → am Straßenknick halbrechts Fußweg zum Quellenweg → links auf schönem Pfad die steile Waldstufe überwinden (Ww. Schlitten) → an der T-Kreuzung rechts nach Schlitten ❺ → im Ort erst links, dann Teerweg halbrechts → Land-straße überqueren und über Edenhof ❻ westwärts → an der T-Kreuzung rechts nach Pürschlehen (Ww. König-Ludwig-Weg) → auf schönem Steig über den Schlittbachgraben zum Ausgangsort zurück
Abstecher Wessobrunner Linde ❼: Vom Klosterhof im Ortszentrum das Kloster umgehen und dem Weg an die Ostseite folgen

Schneeheide, Kiefer und Wacholder

Rundweg zwischen Prem und Lechbruck

Echte Wacholderbäume mit einer astfreien Stammbasis und Kronenbildung in mehreren Metern Höhe sind in Bayern eine Rarität. Abgesehen von einem stärkeren Vorkommen im Friedergries haben sich nur in den Lechauen nennenswerte Bestände halten können. Hier war der Wacholder einst sogar weit verbreitet, bevor er durch die intensive Holznutzung – etwa zum Selchen von Speck – fast ausgerottet wurde. Im Flussschotter bei Prem gedeiht er neben dem Baumpionier Wald-Kiefer und der Schneeheide heute prächtig.

V or dem lohnenden Spaziergang in den Lechauen gibt es jedoch in Prem noch zwei bemerkenswerte Bäume zu erkunden. Die etwa 200 Jahre alte Linde am Kirchplatz ❶ verzweigt sich oberhalb der Stammbasis – Umfang immerhin knapp sechs Meter – in mehrere Nebenstämme und bildet ein beeindruckendes Kronendach. Sie strotzt noch vor Kraft. Auf der zur Kirche zugewandten Seite lädt eine Sitzbank zum Verweilen ein, auf der Hangseite genießt man den Blick in Richtung Lechauen. Nur 400 Meter weiter südlich hat auch der zwischen dem Schwarz-Pappel-Duo ❷ stehende Gebetsstock nicht verhindern können, dass das südliche Exemplar bereits geköpft ist – Efeu rankt an seinem fast astlosen Stamm. Der Zwillings-Baum macht hingegen noch einen ganz vitalen Eindruck.

In den nur knapp einen Kilometer entfernten Lechauen hat sich eine in freier Wildbahn seltene Baumart etabliert: der Wacholder ❸. Und das obwohl durch den Bau der Lechstaustufen der ursprüngliche Auwaldcharakter mangels Überschwem-

mungen zerstört wurde und sich auf den trockeneren Böden die Fichte ausbreiten konnte, eine Konkurrenz, die der enorm lichtbedürftige Wacholder gar nicht schätzt. Doch glücklicherweise ist das Zypressengewächs in seiner Wuchsform sehr variabel, sodass aus der verbreiteten Strauchpopulation im Lauf der Jahre eine zwar kleine, aber vorzeigbare Baumkultur erwachsen ist. Der Übergang von Strauch zu Baum ist beim Wacholder beinahe fließend: Sobald sich aus der meist verzweigten Wuchsform ein veritabler Hauptstamm herausbildet, ist der Vollzug geschafft. In Ufernähe können wir einige der Sonne entgegenstrebende Wacholderbäume bewundern. Noch üppiger wächst der Wacholderbaum fluss-abwärts etwa sieben Kilometer nördlich von Lechbruck am Hofgut Dessau in der sogenannten Wacholder-Heide mit bis zu zwölf Meter hohen Exemplaren.

Der Verein „Lebensraum Lechtal" setzt sich seit 2011 für den Naturschutz und nachhaltige Landnutzung in den Lechauen ein. Durch die extensive Bewei-

Wald-Kiefer am Lechufer (o.); Linde am Kirchplatz (u.r.) und Schwarz-Pappel-Duo in Prem (o.r.)

dung wird das Gras kurz gehalten, wodurch das Wachstum seltener Orchideen wie Mücken-Händelwurz, Frauenschuh, Bienen-Ragwurz und diverser Knabenkräuter begünstigt wird. Auch die bereits ab Februar blühende Schneeheide fühlt sich hier wohl. Neben dem Wacholder entdecken wir kräftige Exemplare der Wald-Kiefer ❹. Zu der ursprünglichen Lech-Flora zählen auch die im Winter an ihren graubraunen Fruchtzapfen leicht erkennbare Grau-Erle ❺, die die durch ihre rote Rinde auffallende Purpur-Weide und die bis zu 25 Meter hoch wachsende Silber-Weide. Der Lechuferweg führt meist unmittelbar am Wasser entlang und ist ein Eldorado für Müßiggänger. Hier können wir die heimischen Baum- und Vogelarten – darunter Tannenmeise, Rotkehlchen und Haubenmeise – in Ruhe erkunden

Wacholder-Baum in den Lechauen

Gewöhnlicher Wacholder (Juniperus communis)

Familie Zypressengewächse

Lebensraum Sonnige Weiden, Heiden und Sandfluren mit trocken-kalkhaltigem Boden

Borke Grau- bis rotbraun und längsrissig

Blüte Ab April unauffällig in den Achseln der mittleren Nadelquirle eines Zweiges

Blatt Die stechend-steifen Nadeln stehen zu dritt im Quirl, auffallend ist der mittig-weiße Streifen an der Rückseite.

Frucht Anfangs grünliche (weiblich) oder gelbliche (männlich) beerenartige Zapfen, im Reifezustand schwarz

Besonderheit Der Wacholder ist eine der ältesten Räucherpflanzen der Menschheit. Nicht nur sein Harz, sondern auch Blütenstaub und Beeren wurden als Ersatz für Weihrauch verwendet. Nach keltischem Glauben vertrieb der Rauch der Zauberpflanze Dämonen, Ungeziefer und Schlangen.

Fundstellen unterwegs Verstärkt am Lechufer zwischen Landgasthof Lechauen und Schwerblmühle

und beobachten. Der Biber wird sich kaum zeigen, doch nicht selten finden wir in Form angenagter Baumstämme seine Spuren vor.

An der Lechbrücke verlassen wir den Fluss und wechseln in das gut einen Kilometer entfernte Premer Filz über. Das wertvolle Biotop ist ein Relikt des Lechtaler Gletschers und wurde früher zum Torfabbau genutzt. Nachdem der einstige See verlandet war, siedelten sich auf den Sumpfwiesen des Niedermoors Birken- und Erlenwälder an; später gesellten sich

Wald-Kiefern hinzu. Durch zunehmende Vertorfung wurde aus dem Nieder- ein Hochmoor, in dem sich die Pflanzen mit Regen- statt Grundwasser begnügen mussten. Folglich verschwanden die Bäume im Zentrum des Moors zugunsten der anspruchslosen Torfmoose.

Nach Verlassen des Areals – wer ausreichend Zeit mitbringt, kann als Zugabe auch den gesamten Rundweg auswandern – genießen wir auf dem Weg in den Zielort Prem den großartigen Blick auf die Ammergauer und Allgäuer Alpenkette.

Schwierigkeit 1 • **Strecke** 8 km • **Gehzeit** 2¾ Std.

Anfahrt

Auto A 96 Ausfahrt Landsberg West, B 17 über Schongau nach Steingaden, St 2059 Richtung Lechbruck, vor der Lechbrücke links Richtung Prem, an der Straßengabelung links in das Ortszentrum Prem

Ausgangspunkt Parkplatz am Friedhof von Prem (N 47.676362°, E 10.803812°)

Charakter Erholsame und aussichtsreiche Wanderung am östlichen Lechufer und durch das Premer Filz. Zwischen beiden Naturschutzgebieten asphaltierte Verbindungswege

Wegweiser Lechauen und Premer Filz gut beschildert

Besondere Bäume am Weg Linde am Kirchplatz ❶, Schwarz-Pappel ❷, Wacholderbaum ❸, Wald-Kiefer ❹, Grau-Erle ❺

Einkehr

• Landgasthof Lechaue, Aumühle 4, Tel. 08862-774075, www.landgasthof-lechaue.de
• Restaurant Lech, Gründl, Tel. 08862-987505

Karte Kompass Wanderkarte Nr. 179, Pfaffenwinkel, 1:50.000

Route Prem → Lechauen → Gründl → Premer Filz → Prem

Vom Parkplatz wenige Meter zur Tourist-Info und rechts am Kindergarten vorbei dem Kiesweg folgen → links in den Schulweg → an der Premer Linde ❶ links in die Dorfstraße → an der Straßengabelung rechts und links in die Mühlfeldstraße → an den Schwarz-Pappeln ❷ umdrehen und links in den Fußweg → am Maibaum rechts in die Schongauer Straße und links in den Fußweg (Ww. Freizeitpark Lechaue) → am Landgasthof Lechaue dem Lechuferweg ❸ – ❺ 2 ½ km nordwärts folgen → an der Lechbrücke wenige Meter rechts → an der Straßengabelung rechts (Schild Prem) → nach 300 m links in den Teerweg abbiegen (Ww. Premer Filz) → an der Bachbrücke rechts in den Wald (Ww. Prem) und dem Hauptweg am Filzrand (Abstecher möglich) zuletzt über freie Wiesen nach Prem wandern → am Ortsrand links in die Röthenbachstraße und vis-à-vis der Linde links in den Schulweg zum Parkplatz

Als Gewürz verwendbar: schwarze Wacholderbeeren

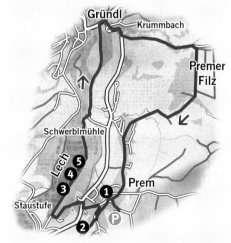

Im Bann der Allgäuer Baum-Methusalems
Von der Talstation der Hochgratbahn zum Alp-Rundweg

An der Nordseite der Nagelfluhkette scheint der Boden für das Wachstum von Bäumen wie geschaffen zu sein. In keiner anderen Region haben wir in einer vergleichbaren Dichte so viele vor Kraft strotzende alte Baumsolitäre gesehen. Und das in dieser großen Artenvielfalt: Eberesche, Ureibe, Rot-Buche, Berg-Ahorn, Weiß-Tanne, Fichte, Berg-Ulme und Vogel-Kirsche ziehen uns in ihren Bann. Zur Erholung tragen auch die klare Wegführung und die drei bewirtschafteten Alpen bei, die gut verteilt entlang der Strecke liegen. Auch wenn die Anfahrt etwas lang erscheinen mag: Diese Wanderung ist für jeden Baumfreund ein absolutes Muss!

Prächtige Berg-Ulme oberhalb der Unteren Stiegalpe

Nach einer kurzen Ouvertüre im schattigen Wald betreten wir freies Almgelände mit zahlreichen alleinstehenden Bäumen oder Baumgruppen. Auffallend ist, dass etliche Bäume auf Nagelfluhfelsen wachsen. Im Vergleich zur weichen Erde scheint dies zwar für das Wachstum nicht unbedingt förderlich zu sein, weil sich die Wurzeln mühsam in das Gestein krallen müssen, um Halt zu finden. Doch nach der Triebbildung bietet dieser Standort einen wirksamen Schutz gegen den Tierverbiss. Und feinere Wurzeln gelangen dennoch tief in das Erdreich, um die Pflanze mit Wasser und Mineralien zu versorgen. Ein klassischer Vertreter der Felsenbewohner ist die Eberesche ❶, die ab Spätsommer anhand ihrer roten Beeren bereits von Weitem zu erkennen ist (siehe Tour 20). Der zuvor passierte, über 200 Jahre alte Berg-Ahorn ❷, der einen auffällig breiten Stammfuß aufweist, steht hingegen auf keinem Felssockel.

Der mit Abstand urigste Baum gedeiht oberhalb der Unteren Lauchalpe: die Ureibe ❸. Wer sie genauer betrachten mag, muss an der Weggabelung ein kurzes Stück auf dem Weg R11 in Richtung Hochgrat hochwandern. Ein Zaun schützt die 600 bis 800 Jahre alte Eibe vor direktem Zugriff von Mensch und Tier. Der hohle und verwitterte Stamm verleiht ihr nebst der knorrigen Äste trotz ihrer Kleinwüchsigkeit sehr viel Würde. Ihre Schwester im knapp zehn Kilometer Luftlinie entfernten Hochtal von Balderschwang gilt mit über 1.000 Jahren gar als der älteste und zäheste Baum Deutschlands.

Die Rot-Buche an der Oberstiegalm ❹ wächst, wie es sich für einen charakter-

Berg-Ulme (Ulmus glábra)

Familie Ulmengewächse

Lebensraum Schlucht-, Hang- und Auenwälder, meist nur verstreut auftretend

Borke Je älter, desto zerfurcht-längsrissiger mit dunkelbraunen oder grauen Schuppen; jung eher silbergrau

Blüte Ab März kugeliger Blütenstand mit vielen Einzelblüten

Blatt Wechselständig, elliptischer Umriss, Blattrand grob doppelt gesägt, Blattende fein zugespitzt

Frucht Ovaler Samen inmitten junger Flügelfrüchte

Besonderheit Die Feld-Ulme weist auf der Blattoberseite paarweise 12 Seitenadern auf, bei der Berg-Ulme sind es zwischen 14 und 20. So viele Adern hat die Flatter-Ulme auch zu bieten, doch bei ihr fällt die stark asymmetrische Blattspreite auf.

Fundstelle unterwegs Beim Abstieg zwischen Oberstiegalpe und Untere Stiegalpe auf der linken Wegseite

vollen Bergbaum gehört, nicht gerade, sondern leicht gekrümmt in die Höhe. Vom Berggasthof ist der 400-Meter-Abstecher Richtung Falkenhütte zum mächtigen Berg-Ahorn ❺ obligatorisch. Der zwischen 300 und 500 Jahre alte Baum steht unmittelbar am Saumpfad. Alteingesessene Einheimische erinnern sich, dass sie bereits als Kinder am hohlen Stamm herumgeturnt sind. Die ausladende Baumkrone bietet so viel Schatten, dass der Hirte hier mit seinem Vieh sowohl bei Hitze als auch bei Regen oder Schnee Schutz

Absolut landschaftsprägend: Eberesche (o.), Weiß-Tanne (u.), ...

... Vogel-Kirsche, Rot-Buche, Berg-Ahorn und Eibe (im Uhrzeigersinn)

finden kann. Genau diese Schutzfunktion ist ein Grund dafür, dass die Älpler seit jeher respektvoll und behutsam mit den alten Bäumen umgegangen sind. Früher haben sie das Laub teilweise als Viehfutter verwendet. Um dem Baum, der das Abschneiden junger belaubter Äste nicht gut verträgt, nicht zu schaden, mussten sie die Blätter per Hand einzeln ernten. In der näheren Umgebung stehen weitere stattliche Exemplare.

Beim Abstieg von der Oberstiegalpe stoßen wir nach Einmündung vom Steig in den breiteren Weg auf die majestätisch in die Höhe strebende Weiß-Tanne ❻. Ihr Stammumfang von 6,5 Metern wird deutschlandweit nur von zwei anderen Weiß-Tannen um wenige Zentimeter überboten, vom Taillenumfang ist sie sogar die Nummer eins. Ihre kräftigen Zweige sind von unten bis oben dicht benadelt. Bei der Begeisterung für die „Tannen-Königin" könnte man leicht die etwas unterhalb stehende alte Fichte ❼ übersehen. Durch die vielerorts betriebene Monokultur genießt die Fichte keinen besonders vorteilhaften Ruf, dennoch ist das im Gegensatz zu den Flachland-Geschwistern mit einer flacheren Krone ausgestattete Exemplar eine Würdigung wert. Die beiden Nadelbäume werden ja gerne verwechselt, doch allein die Nadeln (bei der Tanne Unterseite mit zwei silberweißen Streifen), die Zapfen (bei der Tanne nur in der Krone aufrecht am Zweig) und der Habitus lassen keine Fragen offen.

In Sichtweite der markanten Nadelbäume erblicken wir auf der anderen Wegseite die mächtige Berg-Ulme ❽. Der Mai ist für diese Baumart der gefährlichste Monat. Denn dann ist der Ulmensplintkäfer, eine Borkenkäferart, aktiv und überträgt über den Schlauchpilz jenen Krankheitserreger, der zahlreichen Bäumen den Garaus macht. Einmal infiziert, verfärben sich die Blätter im Kronenbereich bereits im Juni gelb bis braun und rollen sich ein, ohne dabei von den Zweigen zu fallen. 90 Prozent der Ulmen gelten in Mitteleuropa als infiziert. Glücklicherweise scheint das stattliche, 300 bis 400 Jahre alte Allgäuer Exemplar, das seit Jahrhunderten dem widrigen Bergklima trotzt, mit seinem 6-Meter-Stammumfang gegen diesen Befall gewappnet zu sein.

Nach Passieren einer markanten Vogel-Kirsche ❾ unterhalb der Wegserpentine treffen wir bei der Unteren Stiegalpe wieder auf den Anstiegsweg und lassen die wunderbare Baumwanderung gemütlich absteigend ausklingen.

Faszination Baumwipfelpfad

Im Allgäu gibt es zwei Baumwipfelpfade, die nicht nur zur Erkundung der Baumkronen einladen, sondern auch herrliche Rundblicke aus der Vogelperspektive eröffnen.

- **Baumkronenweg im Walderlebniszentrum** Ziegelwies, Tiroler Str. 10, Füssen, Tel. 08362-938 75 50, Mai bis Oktober täglich 10–17 Uhr, Länge 480 m, Wildfluss Lech, www.baumkronenweg.eu

- **skywalk allgäu**, Oberschwenden bei Scheidegg, Tel. 08381-896 18 00, täglich 10–18 Uhr (Winter 10–17 Uhr, Mi./Do. Ruhetag), Länge 540 m, Bodenseeblick, Naturerlebnispfad, www.skywalk-allgaeu.de

Der sogenannte Skywalk bei Scheidegg

Schwierigkeit 2 • **Strecke** 6 km • **Gehzeit** 2 Std. • **Höhenmeter** 380

Anfahrt

ÖVM Mit dem Zug nach Oberstaufen, ab Bahnhof Bus 9795

Auto A 96 Ausfahrt Jengen / Kaufbeuren, B 12 Kempten, B 19 Immenstadt, B 308 Oberstaufen, im Ort B 308 Richtung Lindau, nach der Abfahrt links Abzweig über Steibis zur Talstation der Hochgratbahn (Schilder)

Ausgangspunkt Wegbeginn an der Talstation (N 47.509577°, E 10.057254°)

Charakter Anfangs steiler Waldanstieg, dann moderater Routenverlauf über weitläufiges Almgelände auf überwiegend breiten Wegen.

Wegweiser Etappenziele bestens beschildert

Besondere Bäume am Weg Eberesche ❶, Berg-Ahorn ❷, Europäische Eibe ❸, Rot-Buche ❹, Berg-Ahorn ❺, Weiß-Tanne ❻, Fichte ❼, Berg-Ulme ❽, Vogel-Kirsche ❾

Einkehr
- Untere Lauchalpe, Tel. 0 83 86 - 81 77, Mo. Ruhetag
- Alpe Schilpere; Berggasthof Oberstiegalpe, 0 83 86 - 81 78, www.oberstiegalpe.de

Karte Kompass Wanderkarte Nr. 2, Bregenzerwald Westallgäu, 1:50.000

Route Talstation Hochgratbahn → Untere Lauchalpe → Alpe Schilpere → Berggasthof Oberstieg-alpe → Untere Stiegalpe → Talstation Hochgratbahn

Vom Parkplatz an der Talstation wenige Meter Richtung Steibis zurück und links steiler Anstieg durch eine Waldschneise → im Freigelände wahlweise auf dem Serpentinen-Fahrweg oder abkürzend auf dem Wiesensteig empor ❶ – ❷ → an der Weggabelung links über die Untere Lauchalpe mit Blick auf die Eibe ❸ über die Alpe Schilpere zur Oberstiegalpe ❹ → auf schönem Bergsteig Abstecher zum Berg-Ahorn ❺ → Abstieg vom Berggasthof über die Untere Stiegalpe ❻ – ❾ zur Weggabelung und auf bekannter Route talwärts

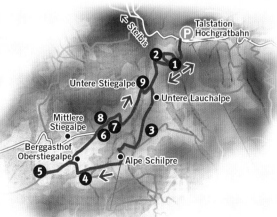

Berg-Ahorn in allen Facetten
Über die Elmauer Alm zum Wamberg

Den großen Wamberger Berg-Ahorn, immerhin Deutschlands mächtigster Ahorn, findet man nur, wenn man seinen genauen Standort im Nordschatten des Wambergs kennt. Die uns bei der Erstrecherche bekannte Ortsangabe „1 km westlich von der Elmauer Alm" erwies sich als zu ungenau; mit der Angabe „nordwestlich" hätten wir an der entscheidenden Forstweg-Gabelung rechts die unauffällig markierte Schneeschuhroute statt links die beschilderte Wanderroute gewählt. Macht jedoch nichts: Zum einen haben wir auf diese Weise vom Hohl-Ahorn über den Totholz-Ahorn bis zum kerngesunden Pracht-Ahorn andere faszinierende Ahorn-Bäume gefunden und zum anderen hat es der phantastische Wamberg-Ahorn verdient, dass man zweimal nach ihm sucht ...

Bis zur Elmauer Alm ist die Orientierung noch denkbar einfach: Man folgt dem bestens ausgeschilderten Wanderweg über die im Frühsommer saftig-blumenreichen Bergwiesen und durch kurze Waldpassagen, ohne sich dabei groß anstrengen zu müssen. Nur das letzte Stück ist etwas steiler. Unterhalb der Alm passieren wir in Nachbarschaft einer Fichtengruppe ein sehr schönes Exemplar des Eingriffeligen Weißdorns ❶. Der Baum muss schon recht alt sein, da sich die Schuppenborke bereits gut ausgebildet hat. Wie bei einem gebundenen Blumenstrauß windet sich eine Wucherung um die Stammbasis, aus der mehrere Stämme entwachsen. Auffällig sind auch die orangefarbenen Sprünge am Stamm und die mehrlappigen Blätter mit ihren tiefen Einkerbungen. Und im Frühjahr fasziniert die prächtige weiße Blüte den Betrachter.

Auch mächtige, über 200 Jahre alte Tannen sind rund um die Alm auszuma-

chen. Zwei besonders schöne Exemplare passieren wir direkt beim Eintritt in den Wald oberhalb der Alm ❷. An einer Grau-Erlen-Gruppe, die feuchten Boden anzeigt, treffen wir auf jenen neuen Forstweg, der rechts nach rund 700 Metern direkt zum Wamberg-Ahorn führt. Wir heben uns den Ahorn-König jedoch für das Wamberg-Finale auf und folgen erst einmal links dem später etwas an Höhe verlierenden Forstweg. Direkt am Wegesrand steht umringt von Brennnesselstauden unser erster richtig kräftiger Berg-Ahorn.

An einem weiteren knorrigen Exemplar stoßen wir auf einen Wegabzweig, der von der Hauptroute abweicht und quasi als Abkürzung Richtung Wamberg in die Höhe führt. Falls das Gatter verriegelt ist, müssen wir es überklettern. Für die leichte Turnübung werden wir im Verlauf des Anstiegs mit zwei hochinteressanten Hohl-Ahornen ❸ belohnt. Der erste weist einen tiefen Spalt auf, durch den man

Eines von zahlreichen Berg-Ahorn-Pracht-Exemplaren am Wamberg

Berg-Ahorn (Acer pseudoplatanus)

Familie Seifenbaumgewächse

Lebensraum In feuchtkühlen Berglagen mit Nadelbäumen bis zur Baumgrenze aufsteigend, Schluchtwälder

Borke Bei Jungbäumen hellbraune Rinde, die schuppenartig abfällt und braunrote bis graue Farbtöne hinterlässt, im Alter fleckig-brauntönige Borkenbildung

Blüte Herabhängende, traubenartige Rispe mit zwittrigen Blüten, gelbgrün, erscheint mit oder kurz nach der Blattbildung

Blatt Kreuzgegenständliche Anordnung, fünffache Lappung, lang gestielt, Unterseite bläulichgrün, Hauptnerven behaart

Frucht Propellermäßig zu Boden segelnde Spaltfrucht mit 2 einsamigen, fast rechtwinklig abstehenden Teilfrüchten

Besonderheit Die leuchtend goldgelbe bis rötliche Laubfärbung im Herbst verleiht dem Ahorn ein majestätisches Aussehen. Der Baum hält zwar starken Frost aus, ist aber gegen Hitze und Luftverschmutzung empfindlich.

Fundstellen unterwegs Am Wamberg mehrere alte Exemplare

problemlos in das Stamminnere gelangt. Blickt man vom Inneren in die Höhe, erkennt man skurrile Holzverformungen und Farbschattierungen. Möglicherweise ist der auffällige Schürfstreifen durch einen umgestürzten Nachbarsbaum entstanden. Der unterste Ast folgt erst in einer Höhe von gut vier Metern. Das zweite verkrüppelt wirkende Exemplar ist von Moos überwuchert und stark ausgehöhlt.

Zurück auf dem offiziellen Wamberg-Wanderweg entdecken wir zwei Fichten, die wir aufgrund ihrer seltsamen Form „Schlangen-Fichten" ❹ nennen. Die unteren Äste stehen fast waagrecht vom Stamm weg, verkrümmen sich auf bizarre Weise und ankern teils in der nahen Erde, um von dort zielgerecht in die Höhe zu streben. Von der Länge und Dicke ähnelt der stabile Vorzeigeast einer Boa constrictor. Auffällig sind auch die an der Oberfläche sichtbaren Wurzelteller, die im festen Partnachschiefer – das schwarze Substrat ist eine geologische Besonderheit

Teilweise sind die Stämme des Berg-Ahorns bereits gespalten und hohl (o.); Symbiose aus Fichte und Buche mit starker Wurzelstruktur (u.)

Ast-und-Wurzel-Tor der „Schlangen-Fichte" (o.), Habitus der Buchen-Fichten-Symbiose (u.l.), markante Weiß-Tanne (u.r.)

dieser Region! – nur wenig Halt finden. Aus diesem Grund sind die Fichten auf dem Wamberger Höhenrücken deutlich sturmanfälliger als im benachbarten Karwendelgebirge, was einige große Windwurfschneisen nachhaltig belegen.

Der mit frischem Kies aufgeschüttete Weg führt in Richtung Osten über den Höhenrücken des Wambergs. Dabei genießen wir immer wieder großartige Ausblicke auf das Wettersteingebirge. Und als Steigerung zu unseren Hohl-Ahornen stoßen wir hier auf zwei Totholz-Ahorne ❺, die aus der Ferne betrachtet wie versteinerte Monumente wirken. Bei näherer Betrachtung ähneln die Verknorpelungen und Auswülste am einige Meter in den Himmel ragenden Stamm mit etwas Phantasie skurrilen Gesichtern oder Fratzen von Fabelwesen. Aus einem dritten vermutlich vom Blitz geköpften Exemplar sprießen immerhin einzelne zarte Ahorn-Asttriebe. Und nach den heraufbeschworenen Gedanken an die Vergänglichkeit dürfen wir uns wenig später an einem wahren Pracht-Exemplar eines vollkommen gesunden Berg-Ahorns erfreuen.

Der Wamberg-Ahorn ❻, mit einem Stammumfang von rund acht Metern und einem Alter von geschätzt 400 Jahren der Titan unter den Berg-Ahornen deutschlandweit, hat seine besten Jahre jedoch schon hinter sich. Obwohl seine Krone in etwa 26 Metern Höhe bereits etwas licht geworden ist, macht er insgesamt aber noch einen ganz vitalen Eindruck. Allein der mächtige Stamm ist eine Attraktion für sich! Er ist der einzige Ahorn unserer Route, der im Nordschatten des Wambergs liegt. Von dem versteckten Standort gelan-

gen wir auf dem Forstweg zu der Weggabelung oberhalb der Elmauer Alm zurück.

Unsere letzte Baum-Attraktion des Tages liegt bereits im Elmauer Talboden. Kurz vor Einmündung in den Drüsselgraben erspähen wir etwa 100 Meter vom Weg entfernt eine Rot-Buche mit beträchtlichen Ausmaßen ❼. Was man aus der Ferne noch nicht erkennt: Der Baum weist nicht nur eine gigantisch-verschlungene Wurzelstruktur auf, sondern ist wie ein inniges Liebespaar mit einer benachbarten Fichte verschmolzen. In dieser Vollendung ist die Baumsymbiose in freier Wildbahn höchst selten anzutreffen, zumal sich auch die beiden Wurzelsysteme krakenartig umschlingen.

Schwierigkeit 2 • **Strecke** 12 km • **Gehzeit** 3 ½ Std. • **Höhenmeter** 450

Anfahrt

Auto A 95 und B 2 über Garmisch-Partenkirchen Richtung Mittenwald, in Klais rechts in den Ort und auf der Mautstraße Richtung Elmau

Ausgangspunkt Parkplatz südlich vom Hotel Kranzbach (N 47.472177°, E 11.209702°)

Charakter Leichte Bergwanderung mit angenehmer Steigung und herrlichen Ausblicken auf das Wettersteingebirge. Durch die Sonneneinstrahlung an der Südseite des Wambergs kann es trotz Waldpassagen sehr warm werden.

Wegweiser Weg 860 über Elmauer Alm Richtung Wamberg / Eckbauer, Abstecher zum Wamberg-Ahorn auf Schneeschuhroute , Rückweg Richtung Elmau und im Talboden Richtung Kranzbach

Besondere Bäume am Weg Eingriffeliger Weißdorn ❶, Tanne ❷, Hohl-Ahorne ❸, Schlangen-Fichte ❹, Totholz-Ahorne ❺, Wamberg-Ahorn ❻, Buchen-Fichten-Symbiose ❼

Einkehr Elmauer Alm, Tel. 0 88 23 - 180, Mo. / Di. Ruhetag, in den Ferien nur Mo., Betriebsferien in der Zwischensaison beachten

Karte Kompass Wanderkarte Nr. 07, Werdenfelser Land mit Zugspitze, 1:25.000

Route Parkplatz Kranzbach → Elmauer Alm → Wamberg → Elmauer Alm → Talboden Elmau → Parkplatz Kranzbach

Vom Parkplatz wenige Meter Richtung Hotel Kranzbach zum Wegeinstieg → über Blumenwiesen und durch Wald ❶ zur Elmauer Alm → oberhalb der Alm ❷ Richtung Wamberg → an der Forstweg-Gabelung links und am folgenden Wegverzweig dem leicht abwärts führenden Forstweg folgen (Ww. Eckbauer / Wamberg) → an einem Ahorn mit Wegschild die offizielle Route rechts verlassen (ggf. Gatter überklettern) und dem Kiesweg aufwärts folgen ❸ → an der T-Kreuzung rechts (Ww. Elmau) → der neu aufgeschüttete Kiesweg führt in kurzen Auf und Abs über den breiten Wamberg-Rücken (höchster Punkt: 1304 m, ❹ – ❺) → am Forstweg links und nach 300 m abermals links Abstecher zum Wamberg-Ahorn (Schneeschuhroute) ❻ → auf dem Forstweg zurück und links der Abstiegsroute nach Elmau folgen → an der T-Kreuzung im Talboden links durch den Drüsselgraben ❼ zum Kranzbach-Parkplatz

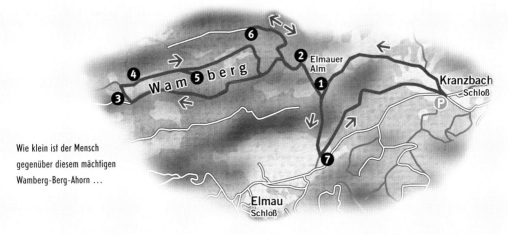

Wie klein ist der Mensch
gegenüber diesem mächtigen
Wamberg-Berg-Ahorn …

November-Märchen mit goldenen Lärchen
Rundweg zwischen Seefeld, Auland und Mösern

Wer aus Wetter- oder Zeitgründen den viel zitierten „Goldenen Oktober" mit seinem
märchenhaften Farbspektakel aus buntem Herbstlaub unter azurblauem Himmel ver-
passt, dem sei an dieser Stelle Trost gespendet, dass auch der November noch gol-
denes Licht hervorzaubern kann. Denn wenn zahlreiche Bäume längst entlaubt sind
und sich der Vorwinter mit Schneefall und Nachtfrost in mittelhohen Lagen bemerkbar
macht, sorgt ein anderer Baum für Glanzlichter: die Europäische Lärche. Ein leicht
erreichbares Lärchenwald-Eldorado liegt südlich von Seefeld in Tirol hoch über dem
Inntal. Die Aufnahmen für diese Wanderung sind an einem 18. November entstanden.

Dank der Höhenlage von rund 1.100 Metern und dem milden Inntal-Klima genießt das Seefelder Becken auch das Privileg, vom zähen November-Hochnebel weitgehend verschont zu bleiben. Man muss also nur eine klassische Hochdruck-Inversions-Wetterlage mit Nebel im Tal und Sonne in den Bergen abwarten, um sich sein Sonnen-und-Lärchenzauber-Glück zu verdienen. Wenn Schnee gefallen sein sollte, so verstärkt sich der Effekt der goldgelben Lärchenwaldmagie noch. Da sich die natürlichen Lärchenbestände in Deutschland auf das grenznahe Gebiet zu Österreich beschränken, stellt das üppige Vorkommen südlich von Seefeld durch die von Oberbayern rasche Erreichbarkeit schon eine Besonderheit dar. Noch dichter ist der Lärchenbestand nördlich des Inntals nur im westlich gelegenen Mieminger Becken.

Bereits im Ortsgebiet begrüßen uns einige leuchtend gelbe Lärchengruppen. Und auch der Lärchenwald am Gschwandtkopf ist beim Blick vom Bahnhof nach Süden bereits auszumachen. Nach Verlassen des Zentrums wandern wir am Wildsee entlang, dessen kalziumhaltiges Wasser von bester Trinkqualität ist. An der Gschwandtalm beginnt der Anstieg durch die östliche Skischneise des Gschwandtkopfs. Oberhalb des ersten Hangabschnitts wird der Lärchenwald beidseitig der Piste immer dichter. An einer Geländekuppe – schön von hier auch der Rückblick auf die Reitherspitze –, an der sich die Piste nach Norden verabschiedet, wandern wir auf schönem Bergsteig direkt in den Lärchenwald hinein. Begünstigt durch die föhnverwöhnte Südlage oberhalb des Inntals halten sich hier die Nadeln besonders lange.

Erst nach Passieren des Gschwandtkopfmähders tauchen wir tiefer in den Wald ein. Statt Lärchen säumen nun vor allem Fichten und Kiefern den Weg. Kurz vor Mösern öffnet sich das Gelände wieder, hoch über dem Inntal thront die eindrucksvolle Hohe Munde. Am späten Nachmittag erhaschen wir hier im November die letzten Sonnenstrahlen. Und auch der Lärchenbestand nimmt nun wieder zu.

Die goldgelben Lärchennadeln verzaubern auch im November noch die Bergwelt.

Europäische Lärche (Larix decidua)

Familie Kieferngewächse

Lebensraum Gebirge Mitteleuropas

Borke Bis zu 10 cm dick, graubraun und schuppig mit tiefen rotbraunen Furchen, bei jüngeren Bäumen rotbraun

Blüte Erst ab einem Alter von 15–20 Jahren schwefelgelbe männliche und rötliche weibliche Blüten

Blatt Bis zu 3 cm lange weiche Nadeln an Kurztrieben büschelig, an Langtrieben einzeln abstehend

Frucht Graubraune Zapfen mit dreieckigen Samen

Besonderheit Am Alpenhauptkamm bildet die Licht liebende Lärche bis in eine Höhe von 2.500 Metern zusammen mit der Zirbe die Baumgrenze. Während in Deutschlands Wäldern nur jeder 50. Baum eine Lärche ist, macht der Anteil in Österreich immerhin 25 Prozent aus.

Fundstellen unterwegs Südosthänge am Gschwandtkopf, Gschwandtkopfmähder, Möserer Mähder

Lärche mit Blick zur Hohen Munde und am Rand der Skipiste

Schwierigkeit 1 • **Strecke** 9 km • **Gehzeit** 3 Std. • **Höhenmeter** 250

Anfahrt

ÖVM Mit der Bahn nach Mittenwald, am gleichen Bahnsteig alle 2 Std. direkter Anschluss nach Seefeld

Auto A 95 und B 2 über Garmisch-Partenkirchen und Mittenwald nach Seefeld Ausfahrt Nord, im Ort mehrere Parkmöglichkeiten

Ausgangspunkt Bahnhof Seefeld Westseite (N 47.328923°, E 11.189092°)

Charakter Abwechslungsreiche Rundtour auf bequemen Wanderwegen, nur am Gschwandtkopf ein längerer Anstieg (im oberen Hang teils nur Steigspuren, Orientierung durch die Pistenschneise jedoch einfach). Großartige Panoramablicke an der Südseite des Berges!

Wegweiser Bis Gschwandtkopflift Weg 4 (Auland / Reith), Abstieg vom Gschwandtkopf Weg 86, Querung nach Mösern Weg 4, zwischen Mösern und Seefeld Weg 2

Besondere Bäume am Weg Lärchenwald ❶

Einkehr In Seefeld und Mösern mehrere Cafés und Gasthöfe

Route Seefeld → Gschwandtkopf (Geländeabsatz) → Gschwandtkopfmäder → Mösern → Seefeld

Vom Bahnhofsplatz südwärts → an der Kreuzung rechts auf die Seefelder Umgehungsstraße und nach der Brücke links in den Wanderweg (Ww. Auland/Reith) → nach Passieren des Wildsees dem Weg 4 Richtung Auland / Reith folgen → oberhalb der Talstation des Gschwandtkopflifts den Wiesenweg entlang der Pistenschneise ❶ empor → auf dem Geländeabsatz unterhalb des Gschwandkopfs (1350 m) an der Weggabelung links (Ww. Auland Weg 86) → nach Abstieg durch schönen Lärchenwald ❶ an der Weggabelung Gschwandkopfmader rechts (Ww. Mösern) → der Möserer Steig führt bequem durch den Wald in westliche Richtung → an der Teerstraße bei Mösern etwa 200 m rechts und links in den Wanderweg abbiegen (Ww. Seefeld) → über den Möserer Mähder ❶ nach Seefeld → im Ort nach Passieren von Casino und Sportalm links auf die Mösener Straße → rechts am Seekirchl vorbei in den Talboden → nach der Bachbrücke links über Kloster- und Bahnhofstraße zum Bahnhof

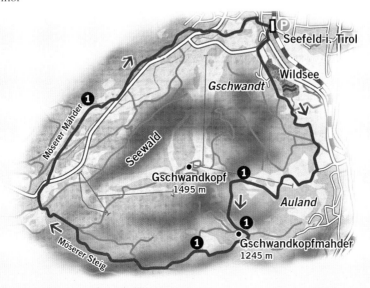

Blick vom Kleinen Ahornboden zu den schattigen Laliderer-Wänden, an deren Fuß die Falkenhütte liegt.

Charakterbaumart Berg-Ahorn
Durch das Johannestal zum Kleinen Ahornboden

Je höher der Berg-Ahorn wächst, desto majestätischer ist sein Habitus. So gesehen sind auf dem 1.400 Meter hohen Plateau des Kleinen Ahornbodens wahre Pracht-Exemplare zu erwarten. Der Wanderer wird nicht enttäuscht: Zartes Blattgrün mit Blüte im Frühjahr und die goldene Belaubung im Oktober zaubern am Fuß der Hinterautal-Vomper-Felswände herrliche Farbkontraste zu dunklem Fels, azurblauem Himmel und etwaigen Schneefeldern im Hintergrund hervor. Das Problem ist die Überalterung der Bäume – viele haben ihre natürliche Altersgrenze von rund 500 Jahren bereits erreicht –, ein Verlust des wertvollen Bestands scheint mittelfristig kaum abwendbar.

Während im Kleinen Ahornboden rund 40 Berg-Ahorne zu bewundern sind, stehen im bereits 1927 zum Naturdenkmal erhobenen Großen Ahornboden noch über 2.200 Bäume; rund ein Sechstel ist jedoch bereits abgestorben. Eine Vielzahl der Bäume stammt aus dem Dreißigjährigen Krieg (1618–1648), in dem keine Beweidung stattfand und sich die jungen Bäume in Ruhe entwickeln konnten. Als Problem erwiesen sich später Muren- und Lawinenabgänge, die zu einer Überschotterung des Wurzelbereichs und somit zum langsamen Absterben einiger Bäume führten. Bei der Erhaltung des wertvollen Landschaftsschutzgebietes versucht man heute, die Interessen des Naturschutzes, des Tourismus und der Almbauern unter einen Hut zu bekommen.

Der Reiz des Kleinen Ahornbodens liegt in seiner Ruhe und Abgeschiedenheit. Rund zweieinhalb Stunden müssen für den Aufstieg in Kauf genommen werden, ein Aufwand, den die Insassen eines die hintere Eng ansteuernden Reisebusses wohl nicht betreiben würden. Obwohl das Gros des Anstiegs auf breiten Kieswegen verläuft, ist die Tour alles andere als langweilig: Nach Durchschreiten einer tief eingeschnittenen Klamm öffnet sich das Gelände abrupt, man wandert direkt auf die imposante Wandflucht der zentralen Karwendelkette zu. Im Talschluss wendet sich die Route mit Blick auf die Birkkarspitze nach Westen. Am Rand des Kleinen Ahornbodens ❶ begrüßt uns ein knorriges Ahorn-Trio, dahinter liegt das weite Hochplateau mit verstreuten Berg-Ahornen.

Bemerkenswert ist ein mit Wildzaun umgebenes Feld zur Naturverjüngung, wo seit einigen Jahren die lokalen Ahornsamen keimen können, ohne vom Wild abgefressen zu werden. Hier beginnt der für den Rückweg bestimmte schöne Steig in Richtung Falkenhütte. Auf diesem Streckenabschnitt tragen Mitte Oktober vor allem die Birken und wenige Lärchen zur auffälligen Blattfärbung bei. Den optimalen Zeitpunkt für die gelbgoldene Ahorn-Laubfärbung abzupassen, ist eine Kunst für sich. In einem kalten Oktober mit reichlich Neuschnee und Frost können die Blätter binnen weniger Tage halbgrün und „schockgefroren" auf

Nach einem massiven Wintereinbruch kann sich das Berg-Ahorn-Laub meist nur noch wenige Tage halten.

die Erde fallen. Auch zu starke Trockenheit ist für die klassische Färbung nicht förderlich. Als Indikator dient unter Umständen die Homepage des Alpengasthofs Eng (www.eng.at; „Unsere Webcam"), weil man auf den Bildern bei gutem Lichteinfluss den Ist-Zustand der Laubfärbung im Großen Ahornboden ❷ erkennen kann.

Bei der Anreise mit dem RVO-Bus zum Gasthaus Eng besteht die Möglichkeit einer grandiosen Streckenwanderung vom Großen über den Kleinen Ahornboden mit Abstieg im Johannestal. Hierfür könnte man beispielsweise sein Auto am Parkplatz P 4 stehen lassen und mit dem ersten Bus um 9.19 Uhr (Sa. / So.) oder 11.19 Uhr

Faszinierend auch die moosbedeckten Stämme …

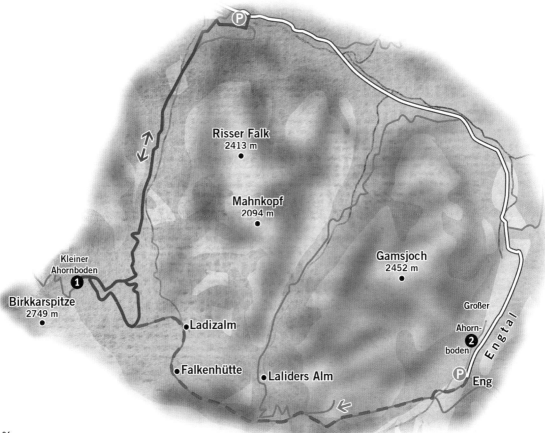

Schwierigkeit 2 • **Strecke** 19 km • **Gehzeit** 5 ½ Std. • **Höhenmeter** 850

Anfahrt

ÖVM Bayerische Oberlandbahn (BOB) nach Lenggries, RVO-Bus 9569 bis Haltestelle Johannestal

Auto A 95 / B 11 oder A 8 / B 13 nach Bad Tölz, B 13 über Lenggries und Sylvenstein-Speichersee in die Eng, Parkplatz knapp 2 km nach der Mautstelle

Ausgangspunkt Parkplatz P4 Rißbachbrücke (N 47.462509°, E 11.501784°)

Charakter Lange Wanderung im Rißtal auf bequemen Forstwegen und Steigen in atemberaubend schöner Karwendelkulisse! Noch großartiger als Streckentour vom Großen Ahornboden (siehe Variante und Text)!

Wegweiser Karwendelhütte (Anstieg Kleiner Ahornboden), Falkenhütte (Querung zur Ladizalm), Hinterriß (Abstieg)

Variante RVO-Bus 9569 zum Parkplatz Gasthof Eng (N 47.402416°, E 11.566823°; ggf. Auto am P4 stationieren und dort in den Bus einsteigen), beschilderter Anstieg vom Großen Ahornboden über das Hohljoch zur Falkenhütte (2 ½ Std.) und über den Kleinen Ahornboden zum P 4 absteigen (3 ½ Std.)

Einkehr Falkenhütte, Tel. + 43 - 52 45 - 245, Mitte Juni bis Mitte Oktober, www.falkenhuette.at (Variante)

Besondere Bäume am Weg Berg-Ahorne am Kleinen ❶ und Großen Ahornboden ❷

Karte Kompass Wanderkarte Nr. 6, Alpenwelt Karwendel, 1:50.000

Route Parkplatz Rißtal → Kleiner Ahornboden → Ladizalm → (Falkenhütte) → Parkplatz Rißtal

Vom Rißbach durch die schattige Klamm in das sich öffnende Johannestal (Schluchtweg für Biker gesperrt) → auf dem Forstweg (später Pfadvarianten) oberhalb des Johannesbachs in den hinteren Talboden → beschilderte Wanderroute in mäßiger Steigung zum Kleinen Ahornboden → am Herrmann-von-Barth-Denkmal Bachbrücke überqueren und Wanderpfad Richtung Falkenhütte folgen → bei Einmündung in den Güterweg Abstecher zu Ladizalm und Falkenhütte (Steig) möglich → Abstieg auf dem Güterweg in den Talboden des Johannestals und auf der Aufstiegsroute zum Parkplatz P 4 zurück

(werktags) hochfahren. Die komplette Anreise mit öffentlichen Verkehrsmitteln vom Lenggrieser Bahnhof (BOB-Anschluss) empfiehlt sich nur am Wochenende, da dann zwischen der Ankunft des ersten Busses am Ausgangsort und der Abfahrt des letzten Busses am Zielort (18.51 Uhr) inklusive erholsamer Pausen ausreichend Zeitpuffer besteht. Somit erlebt man die einzigartigen Kontraste grüner Almwiesen, bizarrer Ahornbäume und schroffer Wandfluchten noch intensiver. Der Weg zu den Eng-Almen ist mit dem „Naturlehrpfad Großer Ahornboden" identisch: Hier erfährt der Wanderer, was der Ahorn mit Viehfutter, Saft, Holzverarbeitung und „Sauerkraut" zu tun hat. Zudem kann man am höchsten Punkt der Streckentour auf der großartig gelegenen Falkenhütte (1.848 m) einkehren.

Spaltung durch Schneebruch
Über die Riedel-Linde zum Schürfenkopf

Wintereinbrüche im Herbst gibt es immer wieder. Aber so dick und bleischwer wie am 10. Oktober 2013 dürfte sich im Oberland wohl selten ein Oktober-Neuschnee auf Kronen und Äste noch dicht belaubter Bäume gelegt haben. Den Stromausfall tags darauf im heimischen Weyarn haben wir noch mit Humor genommen. Weniger erheiternd ist jedoch der Umstand, dass die mächtige Grundner Riedel-Linde bedingt durch die Schneelast einen ihrer sieben vom Stammsockel in die Höhe strebenden Kronenäste verlieren sollte. Bei unserem Fototermin nur wenige Tage nach dem Wetter-Desaster lag der frisch gebrochene Aststrang noch grün belaubt und unaufgeräumt auf der durch Föhneinfluss wiedererwärmten Erde.

Die einzigartige Kandelaberform der Riedel-Linde ❶ hat durch den gravierenden Astbruch nun etwas gelitten, da über dem mächtigen Stammsockel, der einen Umfang von mehr als neun Metern aufweist, eine größere Lücke klafft. Zudem hat der hinabstürzende Ast bei der benachbarten Borke erhebliche Schürfstreifen hinterlassen. Bleibt zu hoffen, dass der dicke Aststrang seine Verletzung schließen kann, ansonsten droht eine Mulmhöhlenbildung mit Pilz- und Insektenbefall. Für den immer noch vor Kraft strotzenden Baum, der über ein unglaublich ausladendes Kronendach verfügt, könnte dies fatale Konsequenzen haben. Der Mitteltrieb muss übrigens schon vor vielen Jahrhunderten auseinandergebrochen sein, sonst hätte sich diese seltene Wuchsform nicht ergeben.

Die Riedel-Linde ist vom Wanderparkplatz nur rund 700 Meter entfernt. Unterwegs passieren wir eine Obstwiese mit Anbau von fünf verschiedenen Apfelsorten; das Obst wird nach der Ernte ab Mitte September im Gaißacher Hofladen verkauft. Die Talebene zwischen Gaißach und Lenggries ist von einer Heckenlandschaft aus hohen Sträuchern und Bäumen geprägt, die zur Begrenzung von Weideflächen angelegt wurde. Die einheimischen Landwirte nennen die unter Naturdenkmal-Schutz stehende Landschaftsform „Sonntratn". Sie bitten die Wanderer darum, ihr Privateigentum zu respektieren und auf den Wegen zu bleiben. Was darunter zu verstehen ist, zeigt sich beispielsweise an der für Wanderer unzugänglichen Gipfelwiese am Schürfenkopf; eine Sitzbank am Weg lädt zum Verweilen ein, der Gipfel (1.096 m) selbst liegt versteckt im Wald.

Vom Aussichtspunkt am Schürfenkopf ist der Blick in das Isartal mit dem Karwendelgebirge im Hinter- und der „Tratn" im Talgrund am eindrucksvollsten. Vereinzelte Gleitschirmflieger nutzen das Gelände als Startpunkt. Beim Abstieg auf

Fototermin, drei Tage nach dem fatalen Schneebruch der Riedel-Linde. Man kann die entstandene Lücke deutlich erkennen ...

dem Sonntratnsteig wandern wir direkt auf die Benediktenwand zu und entdecken weitere interessante Bäume, die vereinzelt ebenso vom Schneebruch betroffen sind. Während im Gipfelbereich einige stattliche Rot-Buchen den Steig flankieren, wachsen etwas unterhalb kräftige Eschen, Eichen, eine schöne Kandelaberfichte (siehe Tour 21) und weitere Sommer-Linden. Eine Wanderin, die uns im Aufstieg entgegenkam, erklärte jene Linde zu ihrem Lieblingsbaum, die sich an einem markanten Wegknick solitär entfalten kann. Allerdings fühlte sie sich vom neu am Stamm angebrachten Schild: „Privatgrund – bitte benutzen Sie den angelegten Steig" irritiert. Der offizielle Sonntratnsteig ist nämlich ein Kompromiss, der im Gegensatz zu früher am Grundstückrand des Eigentümers entlangführt und mit der zuständigen Gemeinde mühsam ausgefochten wurde.

Wandergruppe unter dem Blätterdach einer Linde

Sommer-Linde (Tilia platyphyllos)

Familie Malvengewächse

Lebensraum Hangschuttwälder, Schluchtwälder und Laubmischwälder

Borke Längsrissig und dicht gerippt mit der Tendenz, abzublättern

Blüte 3–5 Blüten in einer Trugdolde, Stiel des Blütenstands mit einem hellen Tragblatt verwachsen

Blatt 10–15 cm lang, fast herzförmige Erscheinung, leicht gesägt und zugespitzt, Blattgrund oft asymmetrisch, an Ober– und Unterseite gleichmäßig grün

Frucht Nussförmig und hellbraun; junge Früchte stark behaart, ältere nur sporadisch, Samen dunkelbraun und glatt

Besonderheit Die ähnliche Winter-Linde lässt sich gut an den Blättern unterscheiden: Sie sind kleiner (Länge bis 7 cm), an Ober- und Unterseite unterschiedlich (dunkel- bzw. blaugrün) gefärbt und in den Nervenwinkeln der Unterseite bilden sich rostbraune Bärte.

Fundstellen unterwegs Riedel-Linde im Talgrund, weitere sehenswerte Exemplare verstreut bei Auf- und Abstieg am Wegesrand

Schwierigkeit 2 • **Strecke** 6 km • **Gehzeit** 2 Std. • **Höhenmeter** 400

Anfahrt

ÖVM Bayerische Oberlandbahn (BOB) nach Obergries, zu Fuß über Kellern zum Parkplatz Grundnern (2 ½ km)

Auto A 95 / B 11 oder A 8 / B 13 nach Bad Tölz, B 13 Richtung Lenggries Ausfahrt Untergries, Riedweg nach Mühle, Lenggrieser Straße kurz südwärts und links auf dem Riedweg nach Mühle, rechts in die Untermbergstraße über Grundnern zum Parkplatz

Ausgangspunkt Wanderparkplatz bei Grundnern (N 47.712606°, E 11.588194°)

Charakter Kurze Rundwanderung auf schönen Wald- und Wiesenwegen mit herrlichen Ausblicken in das Isartal.

Wegweiser Aufstieg unmarkiert, Abstieg auf Sonntratnsteig

Besonderer Baum am Weg Riedel-Linde ❶

Karte Kompass Wanderkarte Nr. 182, Isarwinkel, 1:50.000

Route Parkplatz Grundnern → Riedel-Linde → Schürfeneck → Parkplatz Grundnern

Vom Parkplatz wenige Meter südöstlich und links in den Wanderweg einbiegen (Ww. Sonntratnsteig) → an der Obstwiese Sonntratnsteig rechts verlassen und 500 m ostwärts zur Riedel-Linde ❶ → in Sichtweite des Baums an der Weggabelung links und über sanfte Wiesenhänge aufwärts → auf der Anhöhe an der Weggabelung links → nach zwei langgezogenen Kehren an der Almwiese leicht abwärts in den Wald → bei Einmündung in den markierten Sonntratnsteig rechts die Steilstufe teils treppenartig durch Wald empor → Umkehrpunkt am unscheinbar im Wald gelegenen Schürfeneck → Abstieg auf dem Sonntratnsteig

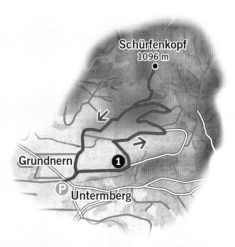

Aussichtsbank knapp unterhalb des Schürfenkopfs mit Blick auf die unverwechselbare Heckenlandschaft

Baum, Baden, Barfußparcours ...

Rundweg um den Schliersee

Der Schliersee-Rundweg ist mit seinen zahlreichen Badestellen seit jeher eine Attraktion in der Ferienregion „Oberbayerisches Urlaubs-Trio". Mit der Gründung des Baumerlebnispfades vor wenigen Jahren ist die See-Umrundung noch reizvoller geworden. Denn auf 19 Stationen lernen wir vom Ahorn über Esche, Schwarz-Erle und Faulbaum – ein aus Südamerika stammender „Exot" – bis zur Weide zahlreiche Bäume kennen. Nicht zur offiziellen Route gehört die Alte Linde am Weinberg, der wir zur Krönung der kurzweiligen Runde im Ort Schliersee einen Besuch abstatten. Sie trotzt seit Jahrhunderten Wind und Wetter, obwohl sie 1942 schwer vom Blitz getroffen wurde.

Der offizielle Einstieg in den Baumerlebnispfad ❶ erfolgt am Campingplatz Lido, wo man alternativ auch parken kann. Das Reizvolle an der Schliersee-Runde ist die andauernde Nähe zum See, denn im Gegensatz zum benachbarten Tegernsee ist das Ufer kaum verbaut. Landschaftlicher Höhepunkt ist die autofreie Westseite, an der sich auch die schönsten Badestellen befinden. Der vom Radweg abzweigende Erlebnispfad führt direkt zu den feuchten Wiesen hin. Auf einer Strecke von 500 Metern finden wir nicht nur Baumtafeln zu Linde, Holunder oder Berg-Ahorn, sondern wir können an einem Waldxylophon Holz erklingen lassen, durch Holzfernrohre in Richtung Berge und Burgruine Hohenwaldeck blicken und auf dem Barfußparcours unsere Geschicklichkeit auf die Probe stellen.

Nach Passieren einer Schwarz-Erlen-Gruppe und mächtiger Berg-Ahorne wandern wir auf dem Rad- und Fußweg nach Fischhausen. Hier gibt es nicht nur eine Hochzeits-Tanne – angeblich sollen an diesem romantischen Ort bereits einige Heiratsanträge erfolgt sein –, sondern auch eine Hochzeits-Linde; Letztere wurde 1897 für das Ehepaar Maria Maier vom Pemberg und Johann Rettenbeck am Hof „Beim Keller" gepflanzt. Über dem schmalen Kiesstrand rascheln die schmalen, fein zugespitzten Laubblätter der Silber-Weiden im Wind.

Der Rückweg nach Schliersee verläuft auf dem Ostuferweg parallel zur B 307, doch durch das dichte Laubwerk von stattlichen Weiden, Eschen und Kastanien ist man vom Autoverkehr im Sommerhalbjahr bestens geschützt. Am Schlierseer Strandbad müssen wir das Ufer entlang der Straße umgehen. Wer Lust auf einen kulinarischen Abstecher verspürt, muss in der Regel keinen Eintritt zahlen. An heißen Tagen sitzt man wahlweise auf dem luftigen Steg direkt am Schliersee-Ufer oder unter dem ausladenden Blätterdach der imposanten Blut-Buche am schönsten.

Weinberg-Linde oberhalb der Schlierseer Pfarrkirche St. Sixtus

Gemeine Esche am Schliersee-Ufer

Blut-Buche im schönen Strandbad

Nach Passieren einiger schöner Ross-kastanien am Uferweg streben wir dem auf dem Weinberg gelegenen gotischen Kirch-lein St. Georg zu. Der kleine Schlussanstieg ist aller Mühen wert: Neben dem großarti-gen Ausblick über die barocke Pfarrkirche St. Sixtus zum Schliersee strahlt die uralte Linde ❷ etwas Besonderes aus. „Dieser Baum hat mich wirklich sehr beeindruckt. Eigentlich bin ich ja nur hochgegangen, um von oben ein paar Landschaftsaufnah-men zu machen. Dabei stellte sich dann heraus, dass er, der Baum, es war, der mich mehr faszinierte als die Landschaft dort", twitterte eine My-Heimat-Userin. Die Weinberg-Linde soll bereits ein Lieblings-ort von Märchenkönig Ludwig II. gewesen sein, obwohl der ausgehöhlte knorrige Stamm und das beeindruckende Wurzel-werk seinerzeit bei Weitem noch nicht diese eindrucksvollen Ausmaße hatten.

Schwierigkeit 1 • **Strecke** 8 km • **Gehzeit** 2 ½ Std.

Anfahrt

ÖVM Bayerische Oberlandbahn (BOB) nach Schliersee

Auto A 8 Ausfahrt Weyarn, B 307 nach Schliersee

Ausgangspunkt Parkplatz am Bahnhof (N 47.735182°, E 11.860117°)

Charakter Das Gros der Wanderung verläuft mit zahlreichen Bademöglichkeiten auf den schönen Uferwegen am Schliersee. Die ideale Familienwanderung!

Wegweiser Schilder „Seeweg um den Schliersee" und blaue Tafeln des Naturlehrpfads

Besondere Bäume am Weg Baumerlebnispfad Schliersee ❶, Weinberg-Linde ❷

Einkehr Rixner Alm (Di. Ruhetag), Cafés und Restaurants in Schliersee

Karte Kompass Wanderkarte Nr. 8, Tegernsee Schliersee, 1:50.000

Route Schliersee → Fischhausen → Schliersee

Vom Bahnhof auf dem Fußweg zum Seeufer am Schliersee (Ww. Vitalwelt) → Uferweg westwärts → nach Einmündung in den Kurweg Schlierachbrücke überqueren und an der T-Kreuzung links → an der Bahnbrücke Treppe abwärts und auf dem Kiesweg zum Campingplatz Lido (offizieller Beginn des Lehrpfads) ❶ → Seeuferweg Richtung Süden → an der Weggabelung links zum Seeufer (Tafel Erlebnispfad) → an der Rixner Alm vorbei nach Fischhausen → ein kurzes Stück entlang der B 307 und links auf dem schattigen Seeuferweg über das Strandbad nach Schliersee → Seestraße (B 307) in den Ortskern und hinter der Sparkasse rechts in die Hans-Miederer-Straße → Anstieg auf dem Kiesweg zur Alten Linde am Weinberg ❷ → zurück zur Seestraße und auf Lauterer- und Bahnhofstraße zum Bahnhof

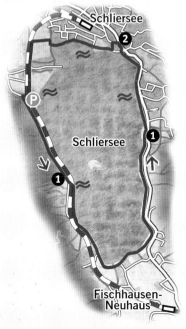

Roter Vogelbeeren-Zauber
Von Neuhaus zum Ebereschen-Hochplateau

Nach dem keltischen Baumkreis zählt sie zu den Lebensbäumen. Einem irischen Sprichwort zufolge ist man unter ihrer Obhut vor Blitzschlag und Hexenzauber sicher. Sie gedeiht in Höhen von bis zu 2.400 Metern und ist damit der Höhenpionier unter den Laubbäumen. Um dem Verbiss durch das Weidevieh zu entgehen, schlägt sie gerne auf Felsen ihre Wurzeln. Kein anderer Baum bringt es im Volksmund auf so viele unterschiedliche Namen. Ihre Früchte dienen über 60 Vogelarten – darunter sogar Enten! – als Nahrungsgrundlage. Wir Menschen verarbeiten die roten Beeren nach dem ersten Frost zu Marmelade, Gelee, Likör oder Schnaps. Außerdem sollen sie Wunden heilen und bei Verzehr unser Leben verlängern. Grund genug, der zwar weit verbreiteten, während der zauberhaften Fruchtreife im landschaftlich reizvollen Almkessel aber unwiderstehlich schönen Eberesche eine Wanderung zu widmen.

Die auffallend roten Beeren bilden sich ab August und fallen oft erst im Winter von den bereits kahlen Ästen herab.

Eberesche (Sorbus aucuparia)

Familie Rosengewächse

Lebensraum Lichtungen, Waldränder, Wiesen und Felsen auf leicht sauren Humusböden

Borke Rinde glatt und silbrig-grau, später dunkler und längsrissig

Blatt Aus 4–9 Paaren von länglich-lanzettlichen, am Rand grob gesägten Fiederblättern bestehend

Blüte 5-zählig, zwittrig, weiß, filzig behaart in Schirmrispen

Frucht Kleine orange- bis korallrote Apfelfrüchte, die von August bis in den Winter am Baum hängen.

Besonderheit Die getrockneten Früchte führen bei Hunden angeblich zu einem Rauschzustand. In der Medizin verwendet man sie auch als Blutreinigungsmittel und bei Magenverstimmung.

Fundstellen unterwegs Sporadisch im Wald, verstärkt auf den Lichtungen (Eschen-Hochplateau)

B ei der Anfahrt nach Neuhaus statten wir aber zunächst der nach der Kapelle benannten St. Leonhard-Linde ❶ einen Besuch ab. Vom Bahnhof ist sie nur gut 200 Meter weit entfernt. Sie dürfte bereits als „Kellerlinde" im Jahr 1595 an diesem Platz gestanden haben, als die Kapelle zum Schutz gegen die damalige Viehseuche errichtet werden sollte. Jedes Jahr zum Leonhardiumritt am 6. November versammelt sich die Prozession, den nahen Verkehr ignorierend, vor der harmonischen Linden-Kapellen-Kulisse.

Die Wanderung beginnt etwa einen Kilometer südöstlich. Während der Dürn-bach im unteren Bereich in eine tiefe Schlucht eingebettet ist, öffnet sich das Tal zwischen Brecherspitz und Westerberg großzügig. Bereits am Rand des klassischen Bergmischwaldes entdecken wir einige Vogelbeeren. Unterhalb der Freudenreichalm wandern wir dann über ein großflächiges Ebereschen-Hochplateau ❷. Das weitgehend baumfreie Areal ist von extensiv beweideten Almwiesen geprägt. Dem gefräßigen Vieh zum Trotz hat sich die Eberesche einen kleinen Trick ausgedacht: Sie zieht sich zum Keimen auf kleine Felsnischen zurück. Da es davon auf den Wiesen einige gibt, leuchten uns die Vogelbeeren

Klassische Ebereschen-Fels-Symbiose (l.). Zuweilen wächst die Himbeere aus dem Ahornstamm heraus.

ab August in satten Rottönen entgegen. Die Früchte halten sich auch nach dem Laubabfall oft noch mehrere Monate an den im Frost erstarrten Zweigen.

Auch zur Blütezeit im Frühsommer geben die Ebereschen vor der malerischen Bergkulisse ein schönes Bild ab. Noch prächtiger blüht der Großkelchige Weißdorn, dessen mitten auf der Weide in Einzellage wuchernder Strauch – oder soll man angesichts der stattlichen Dimensionen schon von Baum sprechen? – dann von Weitem sichtbar sein sollte. Bei der Annäherung steigt einem der feine Blütenduft in die Nase. Im Gegensatz zu seinem nahen Verwandten, dem Zweigriffligen

Weißdorn, sind die Blattlappen der spitz und tief geteilten Blätter rundum fein und scharf gezähnt. Und die weißen Blüten weisen zwei bis drei statt nur einem Griffel auf.

An der unteren Freudenreichalm haben wir uns dann die zünftige Brotzeit verdient. Wer sich nicht ausgelastet fühlt, kann die Wanderung über kleinere Hochmoorflächen und blumenreiche Pfeifengras-Streuwiesen in Richtung Freudenreichkapelle und Brecherspitz fortsetzen und sich von der Leuchtkraft der Ebereschen auch in höheren Lagen überzeugen. Ansonsten geht es auf derselben Route wieder zum Ausgangsort zurück.

Schwierigkeit 2 • **Strecke** 8 km • **Gehzeit** 2 ½ Std. • **Höhenmeter** 450

Anfahrt

ÖVM Bayerische Oberlandbahn (BOB) nach Fischhausen-Neuhaus, zu Fuß vom Bahnhof auf der Waldschmidt- und Dürnbachstraße zum Wanderparkplatz (+ 1 km)

Auto A 8 Ausfahrt Weyarn, B 307 über Schliersee nach Neuhaus

Ausgangspunkt Parkplatz Dürnbach-Bodenschneid (N 47.699816°, E 11.865457°)

Charakter Anfangs relativ steiler, später abflachender Anstieg überwiegend auf Forst- und Güter- wegen. Sehr gut auch mit dem Bike machbar

Wegweiser Freudenreich-Alm ab Wanderparkplatz bestens beschildert

Besondere Bäume am Weg Alte Linde von St. Leonhard ❶, Ebereschen-Plateau ❷

Einkehr Untere Freudenreichalm (1.262 m), täglich geöffnet während der Almzeit

Karte Kompass Wanderkarte Nr. 8, Tegernsee Schliersee, 1:50.000

Route Neuhaus → Freudenreichalm → Neuhaus

Vom Bahnhof Abstecher 200 m nördlich zur Leonhardkapelle ❶ → auf der Waldschmidt- und Dürnbachstraße zum Wanderparkplatz → auf dem Forstweg knapp 2 km in mäßiger Steigung durch das bewaldete Dürnbachtal empor → an der 1. Wegkreuzung dem schmaleren Kiesweg geradeaus folgen → an der 2. Wegkreuzung links auf dem Güterweg zum Ebereschen-Hochplateau ❷ → Abkürzung auf einem Steig und über eine Geländestufe zur Freudenreichalm → Abstieg wie Aufstieg

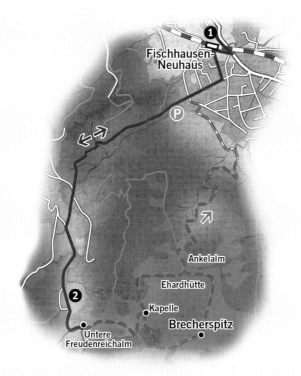

Im Bann der Kandelaberfichte

Über die Lacheralm zum Wildalpjoch

Wenn aus dem Hauptstamm eines Baumes zumindest ein sehr kräftiger Nebenstamm parallel in die Höhe wächst, ähnelt der Habitus einem Kerzenständer. Dieses Phänomen entsteht, wenn ein bereits erstarkter Baum durch Blitzschlag oder Schneebruch seinen Gipfeltrieb verliert und Seitenstränge Sekundärwipfel bilden. Die markante Kandelaberform weisen an den Südhängen von Tagweidkopf und Wildalpjoch gleich mehrere Fichten auf. Zunächst dachten wir, bei unseren bisherigen Bergwanderungen womöglich nur kein Auge für Kandelaberfichten gehabt zu haben. Mitnichten, wie sich bei genauerer Beobachtung bei folgenden Touren herausstellen sollte: Das Vorkommen am Sudelfeld ist einzigartig!

Der erste Fund auf dieser Wanderung ist auch gleich einer der bedeutsamsten: Nach der Weggabelung auf dem Geländerücken entdecken wir hinter einer Buchengruppe linkerhand eine stattliche Kandelaberfichte ❶! Anfangs erkennen wir nur die Basis des knorrigen Stamms, da einige teils kahle Seitenäste die Sicht versperren. Doch aus der Nähe offenbart sich das wirre Stamm-und-Astgebilde eindrucksvoll. Die teils moosbedeckten Auswulste am Stamm lassen auf ein hohes Alter schließen. Die Reste eines abgebrochenen Astes lehnen als stummer Zeuge friedvoll am über 300 Jahre alten Baum. Entfernen wir uns etwa 100 weitere Meter vom Weg, erspähen wir noch ein Vorzeige-Exemplar. Die unteren Äste ziehen so ausladend in die Breite, dass man unter dem dichten Nadeldach getrost trockenen Hauptes einen Regenschauer abwarten könnte.

Oberhalb junger Spitz-Ahorne und im Frühsommer mit blühenden Knabenkräutern bestückten Wollgraswiesen mündet der Steig in den Fahrweg zur Lacheralm. Auf Höhe der Alm steht eine weitere Kandelaberfichte direkt am Wegesrand, dieses Mal auf Anhieb als eine solche erkennbar. An diesem Baum kann man den einst an der Spitze abgebrochenen Hauptstamm erahnen; an der hangabwärts geneigten Seite haben sich gleich drei stramme Nebenstämme gebildet. Auffallend ist auch das mächtige Wurzelwerk.

Beim Anstieg zum Wildalpjoch (1.720 m) durchwandern wir die für die bayerischen Alpen typische Latschen-Kiefer-Zone ❷, die sich oberhalb der Baumgrenze ansiedelt. Im Juni kann man an der einhäusigen Pflanze sowohl weibliche als auch männliche Blüten ausmachen. Während die gelbgrünen männlichen Blüten direkt am Ast anliegen, bilden sich die roten weiblichen Blüten erst am Triebende aus. Vom Gipfel öffnet sich ein weitumfassender Ausblick über das Mangfallgebirge bis zum Kaisergebirge, zu den Kitzbüheler Alpen und Hohen Tauern.

21

Einige der Kandelaberfichten weisen deformierte Stämme und enorm starke Seitenäste auf.

Beim Abstieg vom Wildalpjoch kann man noch den kurzen Abstecher auf die luftige Käserwand wagen.

Der bequeme, weitgehend barfußtaugliche Abstieg führt zunächst auf die benachbarte Käserwand zu. Wer den luftigen Abstecher auf den nahen Felsgipfel wagt, passiert am Fuß der Wand eine Wind und Wetter trotzende Mini-Kandelaberfichte. Wesentlich mächtigere Exemplare stehen im weiteren Abstieg direkt am Wegesrand. Noch vor Erreichen des Fahrweges oberhalb der Lacheralm entdecken wir eine frei auf der Wiese stehende botanische Rarität: Der wild wachsende Wacholderstrauch ❸ ist ein seltener Gast auf alpinen Grasmatten (siehe Tour 13).

Gewöhnliche Fichte (Picea abies)

Familie Kieferngewächse

Lebensraum Bergmischwälder, Forste (Monokulturen)

Borke Kupferbraun bis leicht rotstichig, weshalb die Fichte auch Rot-Tanne genannt wird. Rundliche Schuppen lösen sich ab.

Blüte Männliche Blüten violett-gelblich, weibliche Blüten rötlich

Blatt Die viereckigen, biegsamen Nadeln weisen Spaltöffnungen auf und bilden sich aus kleinen Verholzungen.

Frucht Der leicht harzige Fichtenzapfen ist wohl jedem bekannt. Er hängt im Gegensatz zur Tanne senkrecht von den Zweigen herab.

Besonderheit Die Fichte ist der häufigste und mit bis zu 70 Metern auch der höchste Baum in Deutschlands Wäldern. Neben der Kandelaberfichte gibt es u.a. mit der Hänge-, Pyramiden-, Spitz-, Trauer-, Säulen- oder Schlangen-Fichte weitere besondere Wuchsformen.

Fundstellen unterwegs Sowohl beim Anmarsch zur Lacheralm als auch im Bergwald unterhalb des Wildalpjochs

Schwierigkeit 2 • **Strecke** 8 km • **Gehzeit** 4 ½ Std. • **Höhenmeter** 650

Anfahrt

Auto A 8 Ausfahrt Weyarn, B 307 über Schliersee und Bayrischzell zum Sudelfeld, Parkplatz 800 m nach der Passhöhe

Ausgangspunkt Parkplatz an der B 307 am Sudelfeld (N 47.684632°, E 12.036467°)

Charakter Einfache Bergwanderung auf gut ausgebauten Steigen oder Fahrwegen wechselweise über Almwiesen und durch Waldpassagen

Wegweiser Im Aufstieg Wildalpjoch, im Abstieg Unteres Sudelfeld gut beschildert

Besondere Bäume am Weg Kandelaberfichte (❶; eindrucksvollstes Exemplar gut 100 m oberhalb der ersten Weggabelung, 600 m ab Parkplatz), Latschen-Kiefer ❷, Wacholderstrauch ❸

Karte Kompass Wanderkarte Nr. 8, Tegernsee Schliersee, 1:50.000

Route Parkplatz Sudelfeld → Lacheralm → Wildalpjoch → Lacheralm → Parkplatz Sudelfeld

Vom Wanderparkplatz den Weg am Bach entlang und in einer weiten Rechtskehre bergan → an der Weggabelung links an der markanten Kandelaberfichte ❶ vorbei → auf dem Teerweg (Abkürzungen möglich) zur Lacheralm → nach Ende des Fahrwegs an der Weggabelung die linke (westliche) Steigvariante Richtung Wildalpspitz wählen → am Gratrücken rechts zum Gipfel ❷ → Abstieg in östliche Richtung → unterhalb der Käserwand rechts über Wiesen und durch Wald zur Lacheralm hinab ❸ → auf der Anstiegsroute zum Parkplatz zurück

Männliche Blüte der Latschen-Kiefer am Wildalpjoch

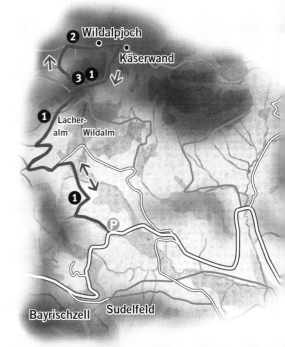

Liebe, Güte, Gastfreundschaft

Unterwegs im Weyarner Lindengebiet

Wie kein anderer Baum prägt die Linde seit jeher unsere Kulturgeschichte. Im germanischen Glauben etwa ist der filigrane Baum der Göttin Freya geweiht, die für Liebe, Fruchtbarkeit und Schönheit steht. Kein Wunder also, dass die Linde vielerorts als Ort der Zusammenkunft eine wichtige Rolle spielte. Vor allem Dorffeste und Hochzeiten wurden gerne im Schatten der Linde abgehalten. Auch Fremde sollten hier Güte und Gastfreundschaft erfahren. Dass es auch noch andere Gründe gab, eine Linde zu pflanzen, registrieren wir bei unserer Weyarner Rundwanderung. Und wenn sich deutschlandweit schon über 1.000 Gasthäuser „Zur Linde" nennen, dann soll auch unsere Einkehr des Tages die Linde in ihrem Namen tragen.

Welch Harmonie zwischen Kapelle, Hof und Linde in Fentbach

Bei der Weyarner Linde ❶ auf dem 712 Meter hohen Aussichtshügel über Fentbach, immerhin durch ein „Von-Baum-zu-Baum"-Schild gewürdigt, handelt es sich jedoch nicht um einen knorrigen Vorzeige-Baum, sondern um eine schlichte Neupflanzung. Der exponierte Ort scheint die Unwetter magisch anzuziehen, denn bereits zweimal war die jeweilige Vorgänger-Linde dem Blitz zum Opfer gefallen. Es finden sich aber immer wieder Einheimische, die diesen ehemaligen Versammlungs- und Vergnügungsort in Erinnerung halten wollen. Etwas unterhalb erblicken wir am bäuerlichen Gehöft ein wesentlich schöneres Linden-Exemplar, und in jedem Fall genießen wir den herrlichen Alpenblick.

An der Keltenschanze benötigt man schon viel Phantasie, um das Oppidum erahnen zu können. Der spätkeltische Siedlungsplatz liegt auf einem Hochplateau und war nach Süden und Südosten mit einem doppelten Ringwall abgesichert.

Die Gemeine Esche verrät sich im Winter durch ihre an den Ästen verweilenden Früchte.

Die große Rot-Buche an der Keltenschanze

Der äußere Ringwall etwa verlief auf Höhe jenes Gedenkkreuzes, das wir beim Anstieg auf dem Teerweg passieren. Noch vor dem rasch auftauchenden Gehöft führt ein Wanderweg direkt auf den inneren Wall der Anlage zu. Grabungen im 19. Jahrhundert haben Kohlefragmente ans Tageslicht gebracht, was auf eine Zerstörung der Keltenschanze durch Brand schließen lässt. Der Durchschlupf zur Anlage, die zwischen 150 und 15 vor Christus besiedelt war, erfolgt an einer markanten Buchengruppe. Die älteste dieser Rot-Buchen ❷ hat gewaltige Ausmaße, sie strotzt vor Energie und Lebenskraft. Ein idealer Ort zum Innehalten und Entspannen.

Eine untrennbare Einheit zwischen Kapelle, Hof und Baum bildet die uralte Linde in Fentbach ❸. Auch in dieses urwüchsige Exemplar, das größte im gesamten Landkreis, hat bereits mehrmals der Blitz eingeschlagen, doch offenbar konnten aufkommende Brände von den Einheimischen rechtzeitig gelöscht wer-

Etwas ramponiert, aber unverwechselbar schön:
Zwillings-Linden in Grub

Weitere Vorzeige-Linden in der Weyarner Umgebung; km-Angaben ab Parkplatz

- **Kreuzberg-Linde,** Neukirchen, 3,5 km südöstlich, N 47.849325°, E 11.825999°
- **Linden-Biergarten,** Kleinpienzenau, 6 km südöstlich (N 47.821775°, E 11.838493)
- **Luitpold-Linde,** Gotzing, 6 km südlich (N 47.826612°, E 11.806784°)
- **Baderer-Linde,** Bader, 8,5 km südwestlich (N 47.829983°, E 11.784736°)
- **Kapellen-Linde,** Sonderdilching, 4 km nördlich (N 47.898033°, E 11.795905)
- **Zwillings-Linden,** Grub, Dorfstr. 4a, 9 km nördlich (N 47.922396°, E 11.777676°)

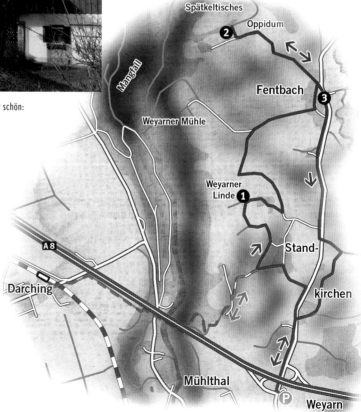

Schwierigkeit 1 • **Strecke** 6,5 km • **Gehzeit** 2 Std.

Anfahrt

ÖVM Bayerische Oberlandbahn (BOB) nach Darching, Rad- und Fußweg Richtung Weyarn, am Ende der Mangfallbrücke Fußweg bis Einmündung in die Route (1,5 km)

Auto A 8 Ausfahrt Weyarn, Parkplatz direkt in Sichtweite

Ausgangspunkt Parkplatz Ausfahrt Weyarn an der A 8 (N 47.865011°, E 11.795808°)

Charakter Geruhsamer Spaziergang im Weyarner Hügelland mit schönen Aussichtspunkten. Bei Beweidung des kurzen Feldabschnitts muss auf die Fentbacher Straße ausgewichen werden.

Wegweiser Keine vorhanden, Gelände jedoch sehr übersichtlich

Besondere Bäume am Weg Weyarner Linde ❶, Buche an der Keltenschanze ❷, Dorflinde Fentbach ❸

Einkehr Gasthof Lindl, Fentbach, Tel. 0 80 20 - 260, www.schanuk.de

Karte Kompass Wanderkarte Nr. 181, Rosenheim, 1:50.000

Route Weyarn → Standkirchen → Fentbach → Keltenschanze → Fentbach → Weyarn

Vom Parkplatz auf der Fentbacher Straße Autobahn unterqueren → nach 600 m links in die Straße Am Lindl und links in den Stadtweg → nach 150 m rechts in den Kiesweg → bei Einmündung in das Sträßchen links und rechts Fußweg zur Weyarner Linde ❶ → ostwärts zu einem Gehöft mit alter Linde hinab und an der T-Kreuzung links → am Wegende rechts über das freie Feld 250 m zur sichtbaren Straße queren (Pfadspuren) und dort rechts halten → in Fentbach links in den Rudolf-Grösche-Weg und links Straße zur Keltenschanze ❷ → zurück nach Fentbach zur Dorflinde an der Kapelle ❸ → Fuß-und Radweg an der Fentbacher Straße 700 m südwärts und links in den breiten Kiesweg → nach kurzem Abstieg an der Weggabelung rechts im Bogen zu Fentbacher Straße und Parkplatz zurück

Bei Anreise mit der BOB: Vom Bahnhof auf dem Rad- und Wanderweg über die Autobahn-Mangfallbrücke (Ww. Weyarn) → nach Verlassen der Brücke in scharfer Rechtskurve unter der Brücke hindurch und dem klar ersichtlichen Weg im Bogen zu den Häusern von Erlach → an der Oberland-Alpaca-Station vorbei mit rascher Einmündung in die Route

den. An diesem Ort hat die Linde beweisen dürfen, dass sie auch den Naturgewalten über Jahrhunderte hin trotzen kann. Im Vergleich zum kleinen Menschen wirkt die Stammbasis wie ein monumentales Urkraftwerk. Die Linden beim Schanuk-Wirt sind zwar in Form und Größe deutlich schlichter, dafür ist die Atmosphäre im Gastraum umso authentischer.

Diese Wanderung hat baumtechnisch nicht nur bizarre Linden und Buchen zu bieten. Auf dem Rückweg erfreuen wir uns an einigen formschönen Stiel-Eichen, die vor allem im Winter mit ihren Silhouetten gegen den Himmel ein grandioses Bild abgeben. Und wer nach der Wanderung noch Zeit und Muße für weitere Entdeckungen hat, der kann markante Linden-Solitäre in der näheren Umgebung erkunden. Am eindrücklichsten sind die Zwillings-Linden in Grub mit einem Alter von wohl über 400 Jahren.

Einzelschöpfungen der Natur
Baum-Naturdenkmäler am Rundweg bei Ebersberg

„Naturdenkmäler sind rechtsverbindlich festgesetzte Einzelschöpfungen der Natur, deren Schutz wegen ihrer Schönheit, Seltenheit oder Eigenart bzw. aus wissenschaftlichen, naturgeschichtlichen oder landeskundlichen Gründen erforderlich ist", heißt es im Umweltbericht des Ebersberger Landratsamts. Im Landkreis Ebersberg haben es 80 alte oder seltene Großbäume und Baumgruppen in die Liste schützenswerter Denkmäler geschafft, und einige davon werden wir auf unserer abwechslungsreichen Rundwanderung erkunden. Die Dichte alter Bäume und Alleen ist durch die klösterliche Vergangenheit und die „Pflanzfreudigkeit" ehemaliger Großgrundbesitzer begründet.

Vom Bahnhof lassen wir das Ebersberger Stadtgebiet in wenigen Minuten hinter uns und wandern auf der Ende des 19. Jahrhunderts mit Linden bepflanzten Hindenburgallee (heute: Pfarrer-Grabmeier-Allee) der Sonne entgegen. Spätestens am „Doktorbankerl" blicken wir im Schatten einer Kastanie in die an Föhntagen so klare Alpenwelt. Die beiden Winter-Linden ❶ auf dem nahen Vogelberg sind für sich so landschaftsprägend, dass sie selbst an einem Nebeltag kaum zu übersehen wären. Da der Zaun einen Durchlass freigibt, können wir das wunderschöne Linden-Duo auch aus der Nähe betrachten. Durch die extrem ausladenden Äste wirken die Bäume fast ebenso breit wie hoch. Die außergewöhnlich ästhetische Erscheinung wird durch die privilegierte Lage auf der Hügelkuppe des Vogelbergs verstärkt.

Bei der Querung nach Kaps passieren wir eine stattliche Trauer-Weide ❷. Die auffällige Gelbfärbung der herabhängenden Zweige lassen den Baum auch im Winter in der Sonne hell erleuchten, welch Farbtupfer in der blatt- und blütenlosen Jahreszeit! Später werden wir in Voreregglburg noch ein weiteres wunderschönes Exemplar entdecken. Am Jesuskreuz beginnt die 500 Meter lange Ahorn-Eschen-Allee, die an der von den sieben Sommer-Linden ❸ flankierten Gedenkstätte endet. Die Stämme sind teilweise ausgehöhlt. Wenige Meter südlich steht eine weitere mächtige Linde. Eine Sitzbank mit herrlichem Blick in Richtung Alpen lädt hier zum Verweilen ein. Beim Blick in den privaten Gutshof-Garten entdecken wir eine mächtige Stieleiche.

Nächste Anlaufstation ist die inmitten eines Wohngebiets gelegene Hupfauer Höhe, deren gesamte Fläche als Naturdenkmal ausgewiesen ist. Auf dem höchsten Punkt des Hügels erwartet uns ein formidables Sommer-Linden-Quartett ❹. Am südwestlichen Ortsrand erfolgt der Übergang in das nahe Aßlkofen. Die leicht erhöht auf einer Kuppe stehende Kapelle

Die Ahorn-Eschen-Allee südlich von Ebersberg

Trauer-Weide im Naturschutzgebiet Egglburger Seen

Echte Trauer-Weide (Salix babylonica)

Familie Weidengewächse

Lebensraum Der ursprünglich aus Ostasien stammende Baum bevorzugt feuchte und lockere Böden in Gewässernähe.

Borke Rinde anfangs gelb, später graubraun und gefurcht; auffallend die gelbgrünen Zweige

Blüte Männliche gelbe, schlanke Kätzchen hängen herab; weibliche Blüten bilden sich verquirlt in den männlichen.

Blatt Linealisch-lanzettlich, Unterseite silbrig behaart

Frucht Zweikappige Kapsel mit zahlreichen Samen

Besonderheit Der bis zu 20 m hohe Baum weist durch seine ausladenden, bis zum Boden herabhängenden Äste einen auffälligen Habitus auf. Die Blätter treiben im Frühjahr zeitig aus und sorgen mit den leuchtend gelbgrünen Kätzchen für Farbtupfer.

Fundstellen unterwegs Südlich von Ebersberg, Vorderegglburg, Weiherkette

Das „Linden-Tor" an der Aßlkofener Kapelle

Alte Stiel-Eiche bei Hörmannsdorf (o.l.), Rot-Buche am Hinteregglburger Kirchberg (o.r.), Winter-Linden auf dem Vogelberg (u.)

findet sich auf der Liste der Baudenkmäler wieder. Mit dem Bau der Kapelle (1830) wurden vermutlich auch die drei angrenzenden Linden ❺ gepflanzt; während die beiden südlichen Bäume eine Art Eingangstor zur Kapelle bilden, schmiegt sich die nördliche Vorzeige-Linde an die Nordfassade. An der Westseite stehen einige schöne Obstbäume.

In Hörmannsdorf gibt es zwei bemerkenswerte Stiel-Eichen: Während wir das auf dem Anwesen Fischer stehende Exemplar nur aus der Ferne betrachten können, steht der zweite Baum ❻ direkt am Straßenrand. Trotz eines Großbrandes an einem benachbarten Bauernhof vor einigen Jahrzehnten macht er auch heute noch einen kräftig-vitalen Eindruck. Eindrucksvoll ist auch die Zwillings-Eiche ❼ in Hinteregglburg. Und an der mächtigen Rot-Buche am Kirchberg ❽ bleibt wohl fast jeder Spaziergänger stehen: Das aus der Erde hervorquellende Wurzelwerk ist miteinander verstrickt wie die Tentakel zweier Tintenfische.

Warum der Eschenbruch am feuchten Südufer des Egglburger Sees als Naturdenkmal ausgewiesen ist, erschließt sich dem Betrachter nicht. Hier handelt es sich um einen Totholzrest, der – wenngleich für zahlreiche Kleintiere als wertvolles Biotop dienend – immer mehr zu verrotten droht. Nicht auf der offiziellen Naturdenkmal-Liste steht hingegen die sehenswerte Eichenallee ❾, die von der Weggabelung zwischen Egglsee und der Weiherkette 600 Meter nordwärts zum Ziegelhof führt. Die mächtigen Stiel-Eichen wurden bereits im 18. Jahrhundert im Auftrag des Ebersberger Klosters angepflanzt.

Ein ähnliches Alter dürften die Linden an der baumbestandenen Allee in der Jesuitengasse ❿ aufweisen. Der ehemalige Wallfahrerweg, der von der Bahnhofstraße abzweigt, wird auch von einer seltenen Rot-Eiche gesäumt.

Schwierigkeit 1 • **Strecke** 11 km • **Gehzeit** 3 ½ Std.

Anfahrt

ÖVM S 4 von München nach Ebersberg

Auto B 304 nach Ebersberg, Wasserburger Straße in das Zentrum, großer Parkplatz am Volksfestplatz (N 48.07423°, E 11.971884°)

Ausgangspunkt Bahnhof Ebersberg (N 48.075111°, E 11.969422°)

Charakter Kurzweilige Rundtour im Stadtgebiet von Ebersberg und im Naturschutzgebiet Egglburger Seen mit überraschend schönen Ein- und Ausblicken

Einkehr

• Kugler-Alm, Aßlkofen 4, Tel. 08092-20436, www.kugleralm-ebersberg.de
• Cafés und Gasthäuser in Ebersberg

Besondere Bäume am Weg Winter-Linden-Duo ❶, Echte Trauer-Weide ❷, 7 Sommer-Linden ❸, 4 Sommer-Linden ❹, Kapellen-Linden Aßlkofen ❺, Stiel-Eiche ❻, Zwillings-Eichen ❼, Mammut-Rot-Buche ❽, Eichenallee ❾, Baumallee Jesuitengasse ❿

Route Bahnhof Ebersberg → Vogelberg → Kaps → Hupfauer Höhe → Aßlkofen → Hörmannsdorf → Hinteregglburg → Egglsee → Klostersee → Bahnhof Ebersberg

Vom Bahnhofsplatz ostwärts 100 m abwärts → an der Straßenkreuzung rechts durch die Unterführung und halblinks in die Pfarrer-Grabmeier-Allee (Ww. Volksfestplatz) → Abstecher zur Doppel-Linde auf dem Vogelberg ❶ → zurück zur Straße, rechts Richtung Ebersberg und nach 200 m links in den breiten Kiesweg ❷ → an der T-Kreuzung 70 m rechts und links in die Linden-Ahorn-Allee zu den 7 Sommer-Linden bei Kaps ❸ → Steig geradeaus absteigen → an der B 304 rechts, an der Brücke rechts in den Teerweg und nordwärts Richtung Ebersberg → an der Bahnlinie links, Gleis überqueren und links in die Ringstraße → an der Wertstoffsammelstelle rechts Wiesenweg Abstecher zu den 2 Sommer-Linden auf der Hupfauer Höhe ❹ → Dr.-Wintrich-Straße links, Zugspitzstraße links, Wettersteinstraße rechts und links an der Kapelle ❺ vorbei zur Kugler-Alm in Aßlkofen → Wanderweg nach Hörmannsdorf → im Ort rechts an der Stiel-Eiche ❻ vorbei und Münchner Straße überqueren → in Vo,deregglburg ❼ geradeaus → am Ortsschild Hinteregglburg rechts in den Pfad und im Bogen zur Kapelle empor → Treppensteig ❽ abwärts und links in den Wiesenpfad (NSG) → in Egglsee links, an der Eichenallee-Weggabelung ❾ rechts (Ww. Ebersberg über Weiherkette) → zwischen Kleinem Weiher und Klostersee Uferseite wechseln (Südseite) → an der Weggabelung rechts aus dem Tal empor (Benno-Scharl-Weg) → links in die Abt-Williram-Straße, an der Kreuzung Semptstraße im Rechtsbogen in das Ebersberger Zentrum → vom Marienplatz Bahnhofstraße an der Jesuitengasse ❿ vorbei zum Bahnhof

Stadtbäume mit Stolz

Rundtour in Bad Aibling

Um das Bewusstsein für schöne Stadtbäume zu schärfen, hat der Bund Naturschutz Bad Aibling in den Jahren 2002 bis 2005 auf seiner Webseite die Rubrik „Baum des Monats" eingeführt. Zehn Jahre später haben wir im Rahmen von zwei Erkundungsspaziergängen festgestellt, dass stolze Bäume wie die Schwarz-Pappel an der Mangfall oder die Esche am „Geigerbergl" mittlerweile dem Hochwasserschutz zum Opfer gefallen sind oder, teils von Krankheiten befallen, zum „Schutz der Bewohner" gefällt werden mussten. Nichtsdestotrotz bleiben über die hier vorgestellten Bäume glücklicherweise noch sehr viele stadtprägende Schönheiten übrig.

D as „Linden-Tor" am Bahnübergang ❶ wirkt wie ein Stadttor in das südliche Bad Aibling. Bei diesem auffälligen Linden-Duo handelt es sich um zwei unterschiedliche Linden-Arten: An der Ostseite steht eine Sommer-Linde, an der Westseite eine Holländische Linde. Obwohl es sich bei Letzterer um eine Kreuzung aus Sommer- und Winter-Linde handelt und sie mit deutlich kleineren Blättern bestückt ist, übertrifft sie ihre Verwandten oft in Wuchskraft und Schönheit. Folgen wir der Lindenstraße in südliche Richtung, erblicken wir vor den Stadtwerken eine schöne Blut-Buche ❷.

Sehr stolz sind die Einheimischen auch auf ihren Kurpark, der mit zwei durchfließenden Bächen, einem Weiher, einem Duft- und Tastgarten, einem großen Moorgarten, einem ökologischen Wasserlehrpfad und dem Vogel-Voliere eine Oase der Ruhe darstellt. Zudem ist der Park von einigen ansehnlichen Jugendstilhäusern umgeben. Zur Erholung tragen auch die rund 1.200 Bäume bei, die sich über das

---

Hänge-Birke (Pedula pendula)

Familie Birkengewächse

Lebensraum Bevorzugt halbtrockene, nährstoffarme und saure Böden

Borke Jung glänzend hellbraun, später zunehmend weiß und abblätternd

Blüte Weibliche Kätzchen rötlich und aufrecht, männliche Kätzchen gelb und hängend, zudem deutlich größer

Blatt Wechselständige Anordnung, herzförmig und gezähnt, Oberseite dunkelgrün, Unterseite graugrün

Frucht Länglich-braune Fruchtzäpfchen, Fruchtschuppen breit geflügelt

Besonderheit Ältere Birken liefern, wenn man ihren Stamm wenige Zentimeter anbohrt, täglich etwa einen Liter Saft. Nach der Vergärung entsteht ein schaumartiges Getränk, der sogenannte Birkenwein.

Fundstellen unterwegs Birkenallee, verstreut im Stadtgebiet

Blüten der Hänge-Birke in der Birkenallee

Parkareal verteilen. Einige wurden mit der Parkgründung vor rund 100 Jahren gepflanzt. Der vielleicht exotischste Baum ist der Gewöhnliche Trompetenbaum vor dem Kurhaus ❸. Die Fruchtkapseln bleiben über den Winter am Baum hängen und öffnen sich im Frühjahr.

Auch die Eibe am Asam-Parkplatz ❹ stellt in der Größe und Fülle eine Besonderheit dar. Zusammen mit dem alten Gartenhäuschen bildet sie einen fotogenen Anblick. Am Mühlbach entdecken wir einige schöne Trauer-Weiden (siehe Tour 23), Stiel-Eichen, Rot-Buchen und Spitz-Ahorne, deren grüne Blüten im Frühjahr sehr auffällig sind. Die Schein-Akazien in der Hofmühlstraße kränkeln hingegen ebenso vor sich hin wie die vom Eschentriebsterben betroffenen Gemeinen Eschen.

Die Eichenstraße macht ihrem Namen mit einigen stattlichen Stiel-Eichen alle Ehre. An der Abzweigung Franz-Xaver-Graf-Straße ist die Drei-Stämme-Silber-Pappel ❺ nicht zu übersehen. Sie ist an unser Klima bestens angepasst und erreicht in 30 bis 40 Jahren eine Höhe von rund 20 Metern. Das eindrucksvolle Exemplar dürfte nach Auskunft eines Anwohners in der Nachkriegszeit gepflanzt worden sein. Wenige Meter südlich stoßen wir beim Anwesen Antretter auf eine vor Kraft strotzende Rosskastanie ❻ und an der Kirche Mariä Himmelfahrt nochmals auf eine Holländische Linde ❼.

Die gut 700 Meter lange Schwarzfischer- und Birkenallee ist beidseitig von Birken gesäumt. Ein landschaftlicher Hochgenuss, der auf der kleinen Anhöhe beim Abzweig Am Krautanger mit einer stolzen Linde ❽, die vermutlich als Friedenslinde um 1870 gepflanzt wurde, gekrönt wird. Sie hat mit dem Sparrigen Schüppling zu kämpfen, ein ab Spätsommer in großen Büscheln erscheinender Totholzbewohner, der die Wurzeln angreift und den Baum somit schädigt. Die 2013 durchgeführte Sanierung hat die Lage wieder etwas verbessert. Auf dem Weg nach Harthausen erblicken wir rechterhand die wohl über 200 Jahre alte Stiel-Eiche am Kreuth ❾, im Volksmund auch „Kleinmeier-Eiche" genannt, die an der Flurstraße steht. Der mächtige

Stamm kann jedoch nicht darüber hinwegtäuschen, dass das Wurzelwerk infolge von Kanalarbeiten und die Krone sturmbedingt geschädigt waren. Auch hier musste die Stadt mit Sanierungsmaßnahmen eingreifen.

Unser Umkehrpunkt liegt am Walnussbaum an der Kapelle ❿, der ansehnliche Ausmaße ausweist. Auf dem Rückweg passieren wir am Martin-Luther-Hain eine zum Naturdenkmal gekürte Gruppe Rot-Buchen ⓫, bevor wir unseren Spaziergang im schönen Kurpark ausklingen lassen.

„Linden-Tor" in der Lindenstraße (l.), Blütentrieb der Echten Walnuss (o.r.), die an der Harthauser Kapelle beträchtliche Ausmaße erreicht.

Schwierigkeit 1 • **Strecke** 7 km • **Gehzeit** 2 Std.

Anfahrt

ÖVM Mit der Mangfallbahn von Rosenheim oder Holzkirchen nach Bad Aibling

Auto A 8 Ausfahrt Bad Aibling, St2089 Bad Aibling, Parkplatz südlich des Bahnhofs

Ausgangspunkt Parkplatz Bahnhof Süd (N 47.861866°, E 12.004044°)

Charakter Einfacher Spaziergang mit nur einer kurzen Steigung wechselweise auf Teer- und Kiesbelag

Einkehr Cafés und Restaurants in Bad Aibling

Besondere Bäume am Weg Linden-Tor ❶, Blut-Buche ❷, Trompetenbaum ❸, Eibe ❹, Silber-Pappel ❺, Rosskastanie ❻, Holländische Linde ❼, Linde an der Birkenallee ❽, Stiel-Eiche am Kreuth ❾, Echte Walnuss ❿, Rot-Buchen-Gruppe ⓫

Route Bahnhof → Kurpark → Thürham → Birkenallee → Kurpark → Bahnhof

Vom Bahnhof Fußweg entlang der Gleise Richtung Südosten → rechts Bahnübergang überqueren und Abstecher durch das Lindentor ❶ zu den Stadtwerken ❷ → wieder zurück zum Bahnübergang und rechts in den nahen Kurpark → am Kurhaus ❸ rechts vorbei zum Irlachschlösschen → Mühlbach-Brücke überqueren und zum Asam-Parkplatz ❹ auf der Irlachstraße zum Marienplatz → links abbiegen und rechts in die Färbergasse → erste Bachbrücke überqueren und links in die Hofmühlstraße → rechts in die Thürhamer Straße und rechts in die Eichenstraße ❺,❻ → Ellmoser Straße zur Kirche Mariä Himmelfahrt ❼ → Straße Am Klafferer südwärts, an der Straßenbiegung geradeaus zum Volksfest-Parkplatz → links haltend zur Schwarzfischer- und Birkenallee ❽,❾ → in Harthausen Kapellenweg zur Kapelle (❿, Umkehrpunkt)
Birkenallee Richtung Bad Aibling → kurz vor dem Rechtsabzweig in die „Neben-Birkenallee" links in den Fußweg → an der Kolbermoorer Straße rechts und links in die Straße Am Kollersberg (Ww. Kurpark) → an der Garten-Lärche rechts, an der T-Kreuzung ⓫ links in den Fußweg und Abstieg zum Parkplatz → Rosenheimer Straße überqueren und leicht versetzt in den Kurpark (große Wegtafel mit Übersichtskarte) → hinter dem Irlacher Weiher die Glonn- und Mühlbachbrücke überqueren und am Kurhaus ❸ den Park südwärts verlassen → Fußweg am Bahngleis zum Bahnhof

Im Exoten- und Naturwald anno 1889
Rundgang durch das liebevoll angelegte Arboretum

Je artenreicher ein Wald ist, desto umweltresistenter ist er und desto besser kann er seine natürliche Schutzfunktion erfüllen. Diese wertvolle Erkenntnis hat den Naturliebhaber, diplomierten Landwirt und Schlossherren Krafft Freiherr von Crailsheim im Jahr 1889 dazu bewogen, über 100 verschiedene, überwiegend selbst aus aller Welt importierte Baumarten zu pflanzen. Mit der Gründung des Ameranger Arboretums wollte er erforschen, welche Exoten-Bäume sich am besten mit unserem Klima arrangieren würden und sich daher in Zukunft in unsere Waldkultur integrieren ließen. Die Beobachtungen der letzten Jahrzehnte haben gezeigt, dass sich neben der Japanischen Sicheltanne die aus Nordamerika stammende Hemlocktanne und der Riesen-Lebensbaum hier am wohlsten fühlen.

D as drei Hektar große Arboretum ❶ wurde erst 2006 von zwei Seiten der Öffentlichkeit zugänglich gemacht. Es liegt in Südwestlage zwischen dem sogenannten Todtmanngraben und dem Ameranger Schloss, die mit viel Liebe zum Detail angelegten malerischen Pfade und Wege werden im Winter jedoch nicht geräumt. Auf den Baumtafeln erfährt der Betrachter Hintergründiges zu Herkunft und Merkmalen des jeweiligen Baumes. Aufgelockert werden die Baumstationen durch philosophische Zitate wie von Hermann Hesse: „Wenn wir traurig sind und das Leben nicht mehr gut ertragen können, dann kann ein Baum sprechen: Sei still. Sieh mich an. Leben ist nicht leicht, Leben ist nicht schwer – das sind Kindergedanken. Bäume haben lange Gedanken, langatmige und ruhige, wie sie ein längeres Leben haben als wir."

Von der lobgepriesenen Japanischen Sicheltanne wurde im oberen Hangbereich sogar eine kleine Allee angelegt. Die rotbraune Borke des bis zu 70 Meter hohen Baums blättert längsrissig ab. Von großer Bedeutung sind neben den zahlreichen Tannenarten aus Nordamerika und Asien vor allem die chilenische Araukarie, der Tulpenbaum und der Ginkgo. Etwas unterhalb der Sicheltannen-Allee können wir auf dem Balanciersteg unsere Trittsicherheit auf die Probe stellen. Am Rastplatz „Bauernstuhl" erreichen wir die Talsohle des Todtmanngrabens. Als Vorbild für diesen überdimensionierten Sitzplatz diente ein barocker Stuhl vom Kurz'n-Hof in Oberatting. Nicht nur der Stuhl, sondern auch der direkt am Bach verlaufende Barfuß-Pfad lädt zum Verweilen ein.

Nächste Station ist die mit historischen Daten versehene Baumscheibe einer alten Fichte, dann folgt der beschilderte Abzweig zum Horchposten. An diesem Baumwipfel-Aussichtspunkt hat Crailsheim 1889 zwei Lärchen gepflanzt. „Wenn Du unter dem

Wurzelhut Platz nimmst, denk nach über Deine Beziehung zur Schöpfung", fordert uns die Tafel am Wurzelhut-Kunstobjekt auf. Die Botschaft: „Mensch und Baum können in besonderen Beziehungen leben. Ein Baum als Bindeglied zwischen Himmel und Erde kann die Distanz zwischen Körper und Idealem überwinden" (Sepp Gießiebl).

Im nördlich angrenzenden Mischwald wird seit 50 Jahren kein Holz mehr geschlagen, sodass sich Totholz-Biotope bilden können, die für rund ein Drittel sämtlicher im Wald beheimateten Vogel-, Insekten- und Kleinsäugerarten überlebenswichtig sind. Obwohl der Wald mit seinen Berg-Ahornen, Rot-Buchen, Eschen, Stiel-Eichen, Hainbuchen und

Dichter, intakter Mischwald im Todtmanngraben

Exotische Pflanzen im Arboretum: südamerikanische Araukarie und japanische Großblatt-Magnolie

Die große Linde von Kammerloh steht direkt neben einem hochgewachsenen Birnbaum.

Fichten im kühlen Schluchtklima insgesamt einen gesunden Eindruck hinterlässt, greift auch hier das bereits seit 1920 bekannte Ulmensterben um sich. Schuld daran ist der Ulmensplintkäfer, der eine Pilzerkrankung überträgt (siehe Tour 14). Viele andere Bäume können sich mangels vorzeitiger Fällung für die Holzindustrie jedoch prächtig entwickeln.

Wer nach der Arboretum-Erkundung Muße für einen ausgedehnten Spaziergang verspürt, folgt vom Eingang Nord dem Weg durch das Eisenbahn-Viadukt in das Landschaftsschutzgebiet Freimoos, wo der sieben Kilometer lange Moorlehrpfad nach Halfing beginnt. Auch der Lehrobstgarten bei Schloss Amerang ist einen Besuch wert. Zudem wartet in Kammerloh ein sehenswertes Natur-Denkmal ❷ (siehe Kasten).

Die große Linde von Kammerloh

Etwa 7 km nordwestlich von Amerang steht am Kammerloher Gehöft eine als Naturdenkmal ausgewiesene Linde (Navigation: N 48.015277°, E 12.252899°). Der zweistämmige Baum (Umfang über 7 m) brach in einer Sturmnacht 1908 in der Mitte auseinander, hat sich aber bestens erholt. Die angebrachten Votivtafeln stammen aus dem 18. Jahrhundert. Durch die Lage auf einer Anhöhe ist der Baum sehr landschaftsprägend. Er wird von einem wunderschönen Birnbaum flankiert. Ausgangspunkt ist der Gasthof Perfall an der St2092 südlich von Bergham. Wir folgen der östlich abzweigenden Stichstraße und halten uns an der T-Kreuzung links (1 km ab Gasthof).

Schwierigkeit 1 • **Strecke** 1,5 km • **Gehzeit** ¾ Std.

Anfahrt

ÖVM Mit der Bahn nach Rosenheim oder Bad Endorf, RVO-Bus nach Amerang; zwischen Bad Endorf und Amerang verkehrt von Mai bis Mitte Oktober die Lokalbahn.

Auto A 8 und B 15 nach Rosenheim, St2095 Richtung Bad Endorf, in Prutting St2360 nach Amerang; alternativ B 304 über Wasserburg und den Schildern folgen

Ausgangspunkt Parkplatz am Eingang Süd bei Schloss Amerang (N 47.981419°, E 12.30848°)

Charakter Die kurze und schattige Runde durch das Arboretum weist in der Schlosshanglage einen steilen, bei Nässe rutschigen Abstieg auf. Zwar kinder-, nicht aber kinderwagentauglich!

Besondere Bäume am Weg Arboretum Schloss Amerang ❶, Linde von Kammerloh ❷

Karte Übersichtstafel am Arboretum, durch Baumschilder leichte Orientierung

Route Parkplatz Schloss Amerang → Arboretum → Naturwald → Parkplatz Schloss Amerang

Vom Parkplatz zum Einstieg des Arboretums ❶ am Wirtschaftsgebäude → Abstieg an zahlreichen Baumtafeln vorbei zum Rastplatz „Bauernstuhl" → im Talboden Abstecher zum Horchposten → am Bach des Todtmanngrabens entlang durch den Natur-Mischwald zum Eingang Nord → an der Straße rechts dem beschilderten Pfad Richtung Schloss Amerang folgen

Kunstobjekt am Wegrand: der Wurzelhut

Liebhaber des sauren Bodens
Zwei Museen und ein Moorlehrpfad im Naturschutzgebiet

Die für den Chiemgau typischen Hochmoore werden im Gegensatz zu den Niedermooren nicht von Grundwasser, sondern ausschließlich von Regenwasser gespeist. Durch eine Übersäuerung des Bodens, das Fehlen von Nährstoffen und das viele Wasser kann hier kein Wald entstehen. Die Torfschicht ist an manchen Stellen im Lauf von Jahrhunderten auf acht Meter angewachsen. Nur speziell angepasste Arten wie Erlen, Weidengebüsche, Fichten, Birken und Wald-Kiefern können sich an den Moorrandzonen ansiedeln.

In den südlichen Randzonen der Kendlmühlfilzen dominiert die Birke. Neben der weitverbreiteten Hänge-Birke ❶ (siehe Tour 24) mischt sich auch die Moor-Birke ❷ unter den Bestand. Am besten kann man die beiden Arten anhand der Blätter unterscheiden. Während die kahlen Blätter der Hänge-Birke lang zugespitzt sind, ist die im jungen Alter flaumig behaarte Blattspreite bei der Moor-Birke mittig am dicksten; auch ist der Blattrand deutlich stärker gekerbt. Die Zweigspitzen der Hänge-Birke hängen zudem deutlich herab, und junge Asttriebe weisen warzige Harzdrüsen auf.

Zwischen die Birken mischt sich die Zitter-Pappel, alternativ Espe ❸ genannt. Die Redensart „Wie Espenlaub zittern" kommt nicht von ungefähr: Bedingt durch den relativ langen Blattstiel verursacht bereits jede kleinste Luftbewegung eine Vibration der Blätter, die auch durch ihre fast kreisrunde, am Rand gezähnte Form unverwechselbar sind. Auch die Schwarz-Erle fühlt sich auf dem feuchten Boden des Naturschutzgebietes wohl. Während sie

Blickfang: Rote Beeren des Pfaffenhütchens

an gewöhnlichen Wald-Standorten gegenüber den höher wachsenden Laubbaumarten kaum konkurrenzfähig ist, kann sie sich hier bestens behaupten.

Im Zentrum der Kendlmühlfilzen genießen wir den freien Blick auf die nahe Chiemgauer Bergwelt. Während im Frühsommer die weiß schimmernden Wollgras-Horste den Betrachter verzaubern, sind ab Spätsommer weite Flächen vom blühenden Heidekraut überzogen. Inmitten des Torfmoosgeländes hat sich auch die Latschen-Kiefer etabliert. Im Zuge der Renaturierung wurden ehemalige Torfstiche und Entwässerungsgräben aufgestaut, wodurch sich die Bestände des bedrohten Sonnentaus erholen konnten. Während Fische, Muscheln, Schnecken und einige Vogelarten mit den Lebensbedingungen im Moos überhaupt nicht zurecht kommen, kann sich die Libelle hier voll entfalten – auch wenn das beschränkte Nahrungsangebot zu einer verlangsamten Entwicklung führt.

Auf dem Weg zur Aussichtsplattform stoßen wir auf Reste der Gleisanlagen, die ab 1920 für die Torfbahn errichtet wurden. Ursprünglich war das Schienennetz für den großflächig betriebenen Torfabbau 30 Kilometer lang. Idyllisch zieht der Wanderpfad am Rand der Freiflächen an einem Wassergraben vorbei durch Spalier stehende Birken. Dann tauchen wir am nördlichen Filzrand in den Kiefern-Fichten-Moorwald ein. Einige der Wald-Kiefern ❹ gefallen durch ihren außergewöhnlichen Wuchs.

Nach Verlassen des Waldes erfreuen wir uns im Frühherbst an den roten Beeren des Gewöhnlichen Spindelstrauches. Die Pflanze heißt auch „Pfaffenhütchen", da die Kapselfrucht einem Birett, einer

Herrlicher Blick von der Aussichtsplattform über die Kendlmühlfilzen zu den Chiemgauer Bergen

Zerstörte Torfareale wurden zwecks natürlicher Regenerierung
wiederbewässert (o.). Hornissennest in einer Birkenstamm-

Schöne Birkenallee in der Filzlandschaft (l.)

Wald-Kiefern-Stilleben am nördlichen Rand der Kendlmühlfilzen

Wald-Kiefer (Pinus sylvestris)

Familie Kieferngewächse

Lebensraum Bevorzugt halbtrockene, nährstoffarme und saure Böden

Borke Bei älteren Exemplaren oft zweifarbig:
oben orange-rötliche Spiegelrinde, unten
rot- bis graubraun und tiefrissig mit groben
Schuppen

Blüte Weibliche Blüten rötlich und zapfen-
artig am Triebende stehend; männliche
kätzchenartig, rotbraun bis braun mit gelbem
Blütenstaub

Blatt Blaugrüne Nadeln paarweise entlang der
Längsachse gedreht, Zusammenhalt durch
Nadelscheide

Frucht Kegelförmige, hängende, graubraune
Zapfen bilden sich aus der weiblichen Blüte.

Besonderheit Die individuelle Note einer
Wald-Kiefer zeigt sich in der variablen kegel-
bis schirmförmigen Krone. Untypisch für
einen Nadelbaum hält eine Nadelgeneration
nur zwei bis drei Jahre.

Fundstellen unterwegs Waldcharakter im nördlichen Bereich der Kendlmühlfilzen

Kopfbedeckung katholischer Geistlicher, ähnelt. Dann erreichen wir den Rottauer Torfbahnhof, der heute das Bayerische Moor- und Torfmuseum beherbergt. Von Mitte April bis Ende Oktober kann man sich samstags (ab 30. Juli auch sonntags und mittwochs) um 14 bzw. 16 Uhr einer Führung durch Museum und Torfbahnhof inklusive Feldbahnfahrt anschließen (www.torfbahnhof-rottau.de). Das Museum Klaushäusl am Ausgangs- und Zielort mit dem Schwerpunktthema Salz und Moor hat großzügigere Öffnungszeiten (Di.–Sa. 10–12 und 14–17 Uhr). Und mit dem 800 Meter langen Moorerlebnis-Rundweg, den wir auf dem Rückweg als Zugabe abwandern können, wartet eine weitere Attraktion auf uns.

Schwierigkeit 1 • **Strecke** 11 km • **Gehzeit** 3 Std.

Anfahrt

Auto A 8 Ausfahrt Bernau, B 305 über Rottau zum Museum Klaushäusl

Ausgangspunkt Parkplatz am Museum Klaushäusl (N 47.784766°, E 12.427726°)

Charakter Weitgehend ebene Wanderung durch das Naturschutzgebiet Kendlmühlfilzen

Wegweiser In den Kendlmühlfilzen erst Moorrundweg-Schildern folgen, dann in Richtung Westberbuchberg; auf dem Rückweg Richtung Rottau und Grassau

Karte Kompass-Wanderkarte Nr. 10, Chiemsee Simssee, 1:50.000

Besondere Bäume am Weg Hänge-Birke ❶, Moos-Birke ❷, Espe ❸, Wald-Kiefer ❹

Route Klaushäusl-Museum → Kendlmühlfilzen → Torfbahnhof Rottau → Klaushäusl-Museum

Vom Museumsparkplatz die B 305 überqueren und dem Weg nordwärts folgen (Ww. Rundweg Moorerlebnis) → an der Weggabelung rechts ❶ → an der T-Kreuzung links in den Teerweg (Ww. Moorrundweg) und am Parkplatz geradeaus in das NSG Kendlmühlfilzen → nach Querung der offenen Moorfläche an der T-Kreuzung links (Ww. Westerbuchberg) ❶–❸ → auf weichem Pfad an der Aussichtsplattform vorbei, dann Richtungswechsel von Nord auf Ost → am Wegabzweig nach links (Ww. Westerbuchberg) und an der T-Kreuzung links → mit schönem Alpenblick gut 2 km zum Torfbahnhof Rottau ❹ → Straße Richtung Rottau folgen und kurz darauf links in den Wiesenweg → rechts in den Wiesenpfad (Schild „Fußweg"), Bach überqueren und in einer S-Schleife in den Wald → der Weg wendet sich später nach Westen → an der Teerstraße links und vor Rottau links in den Wanderweg (Ww. Grassau) → am Moorerlebnispfad vorbei zum Parkplatz

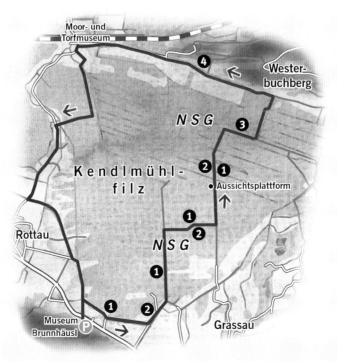

Baumerben von König Ludwig
Mit dem Ausflugsboot auf Herrenchiemsee

In der Hochsaison strömen täglich bis zu 4.000 Besucher vom Festland auf die Insel Herrenchiemsee, um sich in 50-Personen-Gruppen im Vier-Minuten-Takt durch die Prunkräume des Königsschlosses schleusen zu lassen. Doch wer sich abseits der von Pferdekutschen frequentierten Zufahrtswege durch die Parklandschaft bewegt, staunt über die rasch aufkommende Einsamkeit. Glücklicherweise hat König Ludwig mit dem Kauf der Insel als Naturliebhaber zahlreiche alte Bäume vor dem Abholzen bewahrt und durch Neupflanzungen nachhaltige Spuren hinterlassen. Fast alle heimischen Laubbaumarten sind auf der Insel vorhanden, außerdem gedeihen hier einige exotische Arten.

Von der Dampfer-Anlegestelle führt unser Weg zu einem alten gotischen Pfarrkirchlein an der Nordseite des Augustiner-Chorherren-Stifts. In Sichtweite befindet sich eine uralte Linde ❶. Der Bestand alter Linden ist auf Herrenchiemsee beträchtlich, was die ansässigen Bienenvölker zu schätzen wissen. Eine schöne Eschenallee ❷ führt nordwärts zur blauen Kreuzkapelle, die nach Plänen von Giulio Zuccali 1697 erbaut wurde und mit einem Freskenzyklus von Joseph Eder geschmückt ist. Hier ging einst König Ludwig gerne an Land, wenn er sich mit dem Ruderboot vom Festland übersetzen ließ. Die älteren Eschen sterben jedoch ebenso wie die Berg-Ulmen mehr und mehr ab. Mit dem Holz der geschlagenen Bäume wird die Hackschnitzelheizung befeuert, die das Kloster, die Gewächshäuser, den Stall und die Werkstätten mit Wärme versorgt.

Die Luitpold-Eiche ❸ am Rand einer Weidefläche wurde zu Ehren von Prinzregent Luitpold gepflanzt. Die Bienenstöcke sind hier direkt unter einer Lindengruppe angebracht. An der Hangkante stehen einige alte Buchen. Im Schwemmbereich der Küste breitet sich der hauptsächlich aus Erlen und Eschen bestehende, noch relativ junge Auwald aus. In den Kronen höherer Bäume nistet der Pirol: Vor allem das Männchen ist mit seinem gelben Federkleid ein wahres Pracht-Exemplar! Ein Stichweg mit einer schönen Silber-Weide am Wegesrand führt direkt zum Chiemseeufer – die wohl schönste Badestelle entlang der Strecke. Anschließend passieren wir eine hochgewachsene Schwarz-Pappel❹, deren überaus knorriger Stamm zahlreiche „Gesichter" hervorbringt. Das den Auwald liebende Weidengewächs ist leider nur noch selten anzutreffen (siehe Tour 6).

Am Schlosskanal genießen wir eindrucksvolle Blicke sowohl über den Chiemsee nach Prien als auch zum Schloss Herrenchiemsee. Er wird beidseitig von

Die Hainbuchen-Allee am Schlosskanal wurde zu Königszeiten als Hecke angelegt. Die daraus entwachsenen Bäume streben meist mehrstämmig in die Höhe.

knorrigen, teils mehrstämmigen Hainbuchen **❺** flankiert, die aus der ehemaligen, zu König-Ludwig-Zeiten gepflanzten Hecke entwachsen sind. Die Bäume bieten einen wichtigen Lebensraum für seltene Tiere wie den stark gefährdeten Juchtenkäfer. Das auch unter „Eremit" bekannte, glänzend braunschwarz gefärbte Insekt lebt in Baumhöhlen, die es meist ein ganzes Leben lang nicht verlässt. In hohlen Bäumen – und auch im Dachstuhl des Neuen Schlosses! – wohnen zudem 15 verschiedene Fledermausarten, die im Sommer den Mückenbestand reduzieren.

Im dicht bewaldeten Südteil der Insel, in dem Rehe und Dachse leben, bewegen wir uns endgültig abseits vom Touristenstrom. Am südwestlichen Ausläufer erreichen wir

Welch Fabelwesen verbirgt sich wohl in diesem Stamm-Wulst der einzigartigen Schwarz-Pappel?

Stammvergleich mächtiger Bäume: Schwarz-Pappel (o.l.) und Hohle Esche im Schlosspark (o.r.) sowie Geschlitztblättrige Buche (u.l.) und Blut-Buche im Klostergarten (u.r.)

den Rastpunkt Ottos Ruh. Der hübsche Pavillon mit Sitzbank und hutartigem Holzdach wurde rund um eine kräftige Wurzeln schlagende Rot-Buche angelegt. Weiter geht es am Hochufer entlang der steilen Hangkante durch den Mischwald, der hauptsächlich aus Laubbäumen besteht. An der höchsten Stelle der Insel ragt eine Gruppe rund 40 Meter hoher Douglasien ❻ aus dem Wald heraus, die im milden Inselklima bestens gedeihen. Von der Südseite des Klosters können wir die imposanten Nadelbäume später bestens ausmachen.

Zurück am Apollo-Brunnen folgen wir der Eschen-Allee in nördliche Richtung. Die Hohle Esche ❼ ist mit ihrem großen Loch im Stamm nicht zu übersehen. Kleinere Wunden konnte sie aus eigener Kraft wieder schließen, was man am deutlich ausgebildeten Randwulst erkennt. Dieses Phänomen der Selbstheilung spricht für die Intaktheit des Baumes. Wir wandern direkt auf den leicht erhöhten Klosterkomplex zu und können die Vielfalt alter Bäume im Südgarten anhand der unterschiedlichen Habitate und Blattfarben bereits erahnen. Eine exotische Besonderheit stellt der alte Tulpenbaum ❽ dar, der im Mai zahlreiche tulpenartige Blüten bildet. In unmittelbarer Nachbarschaft stoßen wir auf eine kräftige Blut-Buche ❾ mit im unteren Bereich waagrecht abstehenden Ästen. Erwähnenswert ist auch die Geschlitzblättrige Buche ❿, die, wie der Name verrät, auffällig eingeschnittene Blätter aufweist; der Stamm hingegen ist wie bei Rot-Buchen üblich hellgrau und glatt.

Tassilo-Linde auf der Fraueninsel

Von Herrenchiemsee lohnt die nur zehn Minuten dauernde Weiterfahrt zur benachbarten Fraueninsel (Abfahrt im Schnitt alle 30 bis 40 Min.). Vom Fähranlegesteg wandern wir am Klosterwirt vorbei zum Klosterladen und erreichen, den Nordrand des Klostergartens passierend, die 1.000-jährige Tassilo-Linde am höchsten Punkt der Insel. Sie wurde nach dem Herzog benannt, der im Jahr 782 das Kloster auf Frauenchiemsee gegründet hat. Im Gegensatz zur absterbenden Marienlinde macht sie noch einen sehr vitalen Eindruck, ist aber zum Schutz ihrer geschädigten Wurzeln eingezäunt. Abschließend können wir noch der Münsterkirche zu Frauenchiemsee einen Besuch abstatten und die überschaubar große Insel genussvoll umrunden.

Schwierigkeit 1 • **Strecke** 7 km • **Gehzeit** 2 ½ Std.

Anfahrt

ÖVM Deutsche Bahn (DB) nach Prien, Chiemsee-Bahn zum Hafen (Stock), Fährverbindung nach Herren- und Frauenchiemsee (www.chiemsee-schifffahrt.de)

Auto A 8 Ausfahrt Prien, St2092 Richtung Prien und noch vor dem Ort rechts der Beschilderung zum Hafen folgen

Ausgangspunkt Großer Parkplatz an der Schiffanlegestelle (N 47.860081°, E 12.365134°)

Charakter Gut befestigte Kieswege in überwiegend schattigem Gelände, nur minimale Anstiege

Besondere Bäume am Weg Linde ❶, Eschen-Allee ❷, Luitpold-Eiche ❸, Schwarz-Pappel ❹, Hainbuchen-Allee ❺, Douglasien ❻, Hohle Esche ❼, Tulpenbaum ❽, Blut-Buche ❾, Geschlitztblättrige Buche ❿, Tassilo-Linde ⓫

Wegweiser Die Hauptsehenswürdigkeiten auf den Inseln sind gut beschildert.

Karte Kompass-Wanderkarte Nr. 10, Chiemsee Simssee, 1:50.000

Einkehr Schlosswirtschaft Herrenchiemsee, Tel. 0 80 51 - 962 76 70, www.herrenchiemsee-schlosshotel.de

Route Rundweg Herrenchiemsee

Von der Dampfer-Anlegestelle zur gotischen Kapelle an der Nordseite des Klosters ❶ und rechts auf der Eschenallee ❷ zur Kreuzkapelle → am Auwald entlang Richtung Süden ❸,❹ → nach einer Rechtskurve stößt der Weg am Chiemseeufer auf den Schlosskanal → auf der Hainbuchen-Allee ❺ Richtung Königsschloss → am Apollo-Brunnen rechts in den Wald → ab Ottos Ruh ostwärts am Hochufer entlang ❻ → an der Weggabelung links zum Apollo-Brunnen zurück → die Eschenallee an der Hohlen Esche ❼ vorbei zur Südterrasse des weithin sichtbaren Klosters mit seinem herrlichen Baumbestand ❽ – ❿ → kurzer Abstieg zur Schiffsanlegestelle

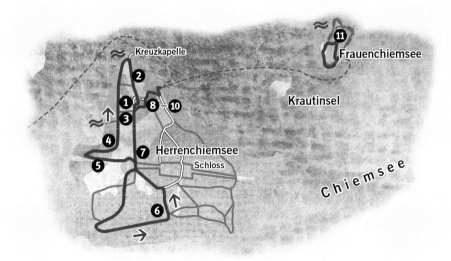

Wenn der Obstbaum blüht

Auf dem Höhenrücken südlich von Teisendorf

Die solitär auf einer Anhöhe stehende Most-Birne ist nahezu 200 Jahre alt und wurde vermutlich von den Habsburgern aus dem benachbarten Mostviertel ins nördliche Berchtesgadener Land importiert. Im Herbst bietet die breite Baumkrone mit ihren gelbroten Blättern gegen den blauen Himmel das perfekte Fotomotiv. Wir haben uns im Frühjahr auf den Weg zu diesem einzigartigen Baum gemacht. Zwar wurde unsere Hoffnung einer spektakulären Blüte nicht ganz erfüllt, doch dafür blühten andere Obstbäume in den umliegenden Streuwiesen um die Wette. Als Kontrast zum aussichtsreichen Wegverlauf über Wiesen und Felder auf der Grafenberger Anhöhe gibt uns der Waldlehrpfad auf dem Rückweg einen Überblick über die vorkommenden Bäume.

Absolut landschaftsprägend: die Most-Birne bei Schlossried

Blütenvergleich: Most-Birne, Vogel-Kirsche, Trauben-Kirsche, Kultur-Apfel (im Uhrzeigersinn)

V on der ehemaligen Oberteisendorfer Burganlage ist außer ein paar Steinen nicht mehr viel übrig geblieben, weshalb der Abstecher zur Ruine beim Aufstieg nach Schlossried nicht wirklich lohnt. Rasch erklimmen wir den zwischen der Teisendorfer Ebene und dem Teisenberg gelegenen Höhenrücken und genießen den Ausblick auf die umliegenden Täler. Die imposant auf einer kleinen Anhöhe stehende Most-Birne ❶ ist nicht zu übersehen. Rund 500 Meter weiter südlich stoßen wir in Grafenberg auf weitere interessante Bäume. Die alte Linde ❷ weist einen derart dicken Stammumfang auf, dass zwei Menschen nicht ausreichen, um ihn zu umarmen. Im Weiler passieren wir ein Grundstück mit schönem Obstbaum-Bestand ❸. Besonders stolz ist die Eigentümerin auf ihren etwa 80 Jahre alten

Most-Birne

Familie Rosengewächse

Lebensraum Nährstoffreiche Streuobstwiesen in klimabegünstigter Lage

Borke Grauschwarz, durch Quer- und Längsrisse entstehen nahezu rechteckige Plättchen.

Blüte Weiß mit großen Kelchblättern und weinroten Staubbeuteln in doldenartigen Trauben

Blatt Eiförmig bis rundliche Laubblätter in wechselständiger Grundordnung; Blattrand leicht gekerbt

Frucht Die kleinen Birnen reifen Ende September.

Besonderheit Die Most-Birne ist eine Mischung aus Kultur- und Wild-Birne. Die für die Herstellung von Obstwein verwendeten Früchte sind relativ klein und schmecken herb.

Fundstellen unterwegs Anhöhe bei Schlossried; Kultur-Birnen verstreut in den Obstgärten

In Grafenberg stehen einige hochgewachsene Kirschbäume.

„Lemon-Apfel". Der wohlschmeckende, gelbe Früchte produzierende Edelbaum hat sich nach einem Sturmschaden wieder erholt. Kerngesund wirken die fünf Kirschbäume und die Kultur-Birne.

In Freidling stehen drei Bauernhöfe unter Denkmalschutz, zwei davon direkt an der Dorfstraße: Der 1777 erbaute ehemalige Kleinbauernhof, erkennbar am zweigeschossigen Flachsatteldach mit Blockbau-Obergeschoss und schräg gegenüber das Anfang des 19. Jahrhunderts errichtete Bauernhaus. Eine Stichstraße führt nach Hausmoning; auch hier blühen ab Ende April wieder hochgewachsene Kirsch- und Apfelbäume. Und nach Passieren der solitären Hänge-Birke ❹ steigt uns beim Eintritt in den Teisendorfer Hang-

wald der betörende Duft der Gewöhnlichen Traubenkirsche ❺ in die Nase. Abgesehen vom Blütenduft ist der Baum durch seinen an der Basis verzweigten Stamm – die Rinde ist glatt und schwarzgrau –, den überhängenden Ästen und den dichten Blütentrauben gut erkennbar.

Als Kontrast zur aussichtsreichen Hügelwanderung verläuft der Rückweg durch schönen Mischwald. Dabei genießen wir einen kurzen Blick auf Teisendorf, erfreuen uns am Wasserfall des Freidlinger Bachs, trinken frisches Quellwasser an der 1890 erbauten Lourdesgrotte (Rosenkranz jeden 3. So. im Monat) und erfahren auf dem Waldlehrpfad ❻ Hintergründiges zu Flora und Fauna, darunter heimische Baumarten und die Douglasie.

Schwierigkeit 1 • **Strecke** 7 km • **Gehzeit** 2 ½ Std.

Anfahrt

Auto A 8 Ausfahrt Neukirchen, St2102 Richtung Teisendorf, in Oberteisendorf an der Kirche St. Georg parken

Ausgangspunkt Parkplatz am Pfarrer-Schwertfirm-Platz (N 47.85088°, E 12.785184°)

Charakter Wechsel zwischen Panorama- und Waldabschnitten auf bequemen Kies- und Teerwegen mit einer längeren Steigung (gut 100 Hm).

Besondere Bäume am Weg Most-Birne ❶, Alte Linde bei Kolberstadt ❷, Obstbäume Grafenberg ❸, Hänge-Birke ❹, Gewöhnliche Traubenkirsche ❺, Waldlehrpfad ❻

Wegweiser Route 25 „Salzburgblicke über Freidling" (bis Freidling), Route 9 „Teisendorf" (Hausmoning bis Waldlehrpfad), Route 2 „Waldlehrpfad über Grotte" bzw. Route 3 „Oberteisendorf" (Rückweg)

Karte Kompass-Wanderkarte Nr. 16, Traunstein Waginger See, 1:50.000

Route Oberteisendorf → Schlossried → Grafenberg → Freidling → Oberteisendorf

Vom Parkplatz 300 m nach Süden → Abzweig kleine Straße links und über Schlossried ❶ Richtung Kolberstadt → an der Straßengabelung links nach Grafenberg ❷,❸ und Abstieg nach Freidling → an der Dorfstraße kurz links und wieder rechts (Ww. Teisendorf / Hausmoning) → nach 500 m an der Wegkreuzung links (Ww. Teisendorf) in den Wald ❹,❺ → nach kurzem Abstieg (an der Gabelung linke Weg-Variante) am Wegkreuz links (Ww. Waldlehrpfad) → Straße überqueren und an der Lourdesgrotte vorbei zum Waldlehrpfad ❻ → an der Douglasie rechts den unmarkierten Weg abwärts → an der T-Kreuzung links nach Oberteisendorf und zur nahen Kirche

Symbiose mit dem Tannenhäher
Über den Schrecksteig zur Traunsteiner Hütte

**Mit dem Begriff „Zirbenstube" verbinden die meisten Menschen auf Anhieb Wohlbe-
hagen. Immerhin ist wissenschaftlich belegt, dass der Duftstoff Pinosylvin der Gesund-
heit dient. Wer sich rund um die Uhr in einem Zirbenholz-Raum aufhält, spart pro
Tag rund 3.500 Herzschläge. Die Zirbel-Kiefer, auch Zirbe oder Arve genannt, wächst
im lebensfeindlichen Hochgebirge, wird bis zu 1.000 Jahre alt und gilt deshalb
als „Königin der Alpen". Ihre Wurzeln dringen so tief in das mineralhaltige Gestein
ein, dass selbst das raue Gebirgsklima ihr nichts anhaben kann. Zusammen mit der
gleichfalls frostharten Europäischen Lärche bildet sie eine innige Gemeinschaft. Und
die fruchtbare Symbiose mit dem Tannenhäher sichert ihr die Fortbestehen.**

Da der Tannenhäher nicht besonders scheu ist, besteht die Chance, ihn ab Spätsommer beim Sammeln der Zirbensamen beobachten zu können. Der Rabenvogel ist an seinem weiß gefleckten dunkelbraunen Gefieder gut zu erkennen. Pro Flug kann er bis zu 100 Samen in seinem Kehlsack transportieren, die er auf zahlreiche Verstecke verteilt und auch im tiefsten Winter zielsicher ausgräbt. Eine Tannenhäher-Familie aus zwei Altvögeln und zwei Jungen konsumiert pro Jahr rund 50.000 Samen. Da einige Depots jedoch vergessen werden, können zahlreiche Samen im folgenden Frühjahr aufkeimen; man schätzt, dass gut jede zweite Zirbel-Kiefer ihr Leben dem Tannenhäher verdankt.

Dass wir den Überlebenskünstler Zirbel-Kiefer überhaupt in oberbayerischen Breitengraden antreffen, hat mit dem speziellen Mikroklima auf der Reiteralpe zu tun. Die isolierte Lage in dem von Felswänden umgebenen Hochplateau führt im Vergleich zu den Nachbarregionen zu einer geringeren Luftfeuchtigkeit sowie einer höherer Einstrahlung der Sonne und Ausstrahlung der Erdoberfläche. Und die spezielle Bodenbeschaffenheit der für die nördlichen Randalpen typischen Hartkalke ermöglicht den Wurzeln, sich tiefer in die Erde eingraben zu können. Die Reiteralpe weist gefolgt vom Karstplateau im Estergebirge Deutschlands größtes Zirben-Lärchen-Vorkommen auf. Die Europäische Lärche (siehe Tour 16) hat zwar andere Eigenschaften – Nadeln fallen im Winter ab, deutlich kürzere Lebensdauer und somit rascheres Wachstum – als die Zirbel-Kiefer, dennoch wachsen beide Arten buchstäblich zusammen wie siamesische Zwillinge. Beide sind extrem unempfindlich gegenüber Frost und kommen mit der kürzeren Vegetationszeit bestens zurecht.

Für diese botanische Besonderheit müssen wir einen relativ langen Anmarsch in Kauf nehmen. Erstmals tauchen die beiden Nadelbäume beim Anstieg zum

Beim Anstieg zum Schrecksattel passieren wir am Fuß der spektakulären Felswand eine Höhle (o.): Zirben-Lärchen-Wald südöstlich der Traunsteiner Hütte (u.)

Wo Zirben sind, ist der Tannenhäher (u.m.) nicht weit: Impressionen beim Aufstieg zum Edelweißlahner.

Zwei Bäume, die sich mögen: Zirbel-Kiefer und Europäische Lärche

Zirbel-Kiefer (Pinus cembra)

Familie Kieferngewächse

Lebensraum In den Zentralalpen eher schatt-
seitig, in den Berchtesgadener Alpen sonn-
seitig die obere Baumgrenze bildend

Borke Jung glatt und grau, im Alter graubraun
mit rötlich-braunen Stellen und längsrissig

Blüte Männliche Blüten rotviolett, später
gelb, weibliche Blüten violett und nur in der
oberen Baumkrone wachsend

Blatt Nadeln weich und biegsam, bis 11 cm
lang, zu fünft in einem Bündel (bei der Wald-
Kiefer paarweise!)

Frucht Der aufrechte, eiförmige Zapfen bildet
sich erst ab einem Alter von rund 50 Jahren.

Besonderheit Sogenannte Senkerwurzeln
dringen tief in das Gestein ein, wodurch der
Baum extrem frostresistent (bis -43° C.) ist
und sich deshalb im Hochgebirge wohl fühlt.

Fundstellen unterwegs Unterhalb des Schreck-
sattels, am Hochplateau der Reiteralpe

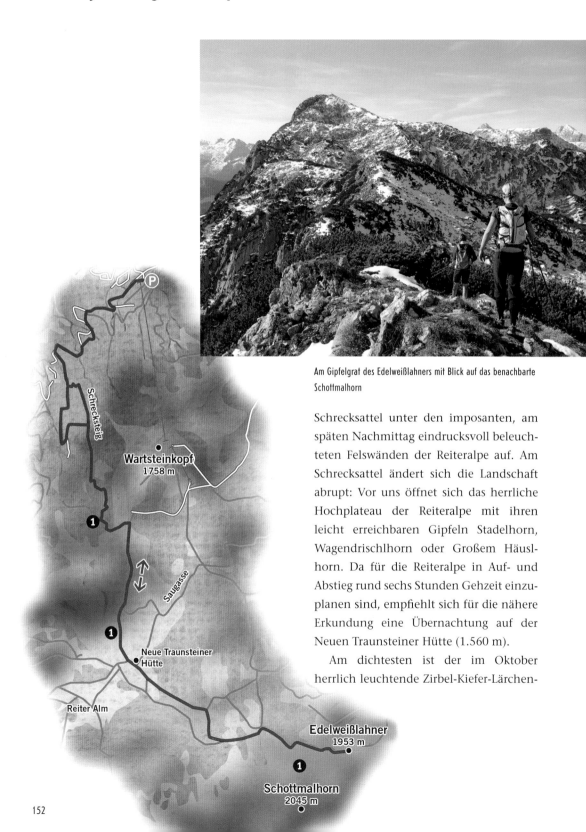

Am Gipfelgrat des Edelweißlahners mit Blick auf das benachbarte Schottmalhorn

Schrecksattel unter den imposanten, am späten Nachmittag eindrucksvoll beleuchteten Felswänden der Reiteralpe auf. Am Schrecksattel ändert sich die Landschaft abrupt: Vor uns öffnet sich das herrliche Hochplateau der Reiteralpe mit ihren leicht erreichbaren Gipfeln Stadelhorn, Wagendrischlhorn oder Großem Häuslhorn. Da für die Reiteralpe in Auf- und Abstieg rund sechs Stunden Gehzeit einzuplanen sind, empfiehlt sich für die nähere Erkundung eine Übernachtung auf der Neuen Traunsteiner Hütte (1.560 m).

Am dichtesten ist der im Oktober herrlich leuchtende Zirbel-Kiefer-Lärchen-

Schwierigkeit 2 • **Strecke** 16 km (Hütte) + 8 km (Gipfel) • **Gehzeit** 6 Std. (Hütte) + 3 ½ Std. (Gipfel) • **Höhenmeter** 1180 (Hütte) + 450 (Gipfel)

Anfahrt

ÖVM Mit der Bahn nach Traunstein, RVO-Bus 9526 Richtung Bad Reichenhall bis Station Unterjettenberg

Auto A 8 Ausfahrt Siegsdorf, B 306 Inzell, Deutsche Alpenstraße (B 305) über Schneizlreuth nach Unterjettenberg, in der Straßenkehre Abzweig nach Oberjettenberg

Ausgangspunkt Parkplatz am Militärgelände (N 47.668324°, E 12.804077°)

Charakter Im unteren Bereich wechselweise Forstweg und abkürzende Steige, später auf dem teils in Stufen angelegten Schrecksteig empor. Großartige Landschaft am Schrecksattel und auf der verkarsteten Reiteralpe. Edelweißlahner durchwegs auf leichten Steigen

Wegweiser Traunsteiner Hütte bestens beschildert. Markierter Anstieg zum Edelweißlahner nach Neuschnee schwierig zu finden.

Besondere Bäume am Weg Zirbel-Kiefer-Lärchen-Wald ❶

Einkehr / Übernachtung Neue Traunsteiner Hütte (1.560 m), Tel. 01 71 - 437 89 19, www.traunsteinerhuette.com

Karte Kompass-Wanderkarte Nr. 14, Berchtesgadener Land, 1:50.000

Route Oberjettenberg → Schrecksattel → Neue Traunsteiner Hütte → (Edelweißlahner) und zurück

Traunsteiner Hütte: Vom Waldparkplatz auf der Teerstraße am Militärgelände entlang und dem Forstweg folgen → den links abkürzenden Steigen folgen → der Schrecksteig führt erst moderat durch Wald, später zunehmend steil in Stufen angelegt unter imposanten Felswänden ❶ zum Schrecksattel → jeeptauglicher Fahrweg in kurzen Auf und Abs zur Neuen Traunsteiner Hütte ❶
Edelweißlahner: Von der Hütte dem Wegweiser zunächst nur leicht ansteigend in den schönen Zirbel-Kiefer-Lärchen-Wald ❶ ostwärts folgen → nach einer kurzen Querung über verkarstete Geländestufen zum aussichtsreichen Gipfel
Rückweg auf derselben Route

Wald ❶ südöstlich der Traunsteiner Hütte, weshalb wir uns als Bergziel den Edelweißlahner (1.953 m) ausgesucht haben. Bereits nach wenigen Minuten passieren wir einige prächtige Zirbel-Kiefern, die teils, von Wind und Wetter gezeichnet, skurrile Wuchsformen aufweisen. Die Lärchen sind allerdings in der Überzahl. Wer bis zum Gipfel vordringt, genießt neben der Gipfel-Rundschau in das Berchtesgadener Land den gigantischen Tiefblick zu Hintersee und Märchenwald mit dem Hochkalter im Hintergrund (siehe Tour 30).

Vor dem Abstieg können wir uns auf der Traunsteiner Hütte noch mit einem Zirbenschnaps stärken, der aus den jungen, noch voll im Saft stehenden Zapfen gewonnen wird. Außerdem bietet die Hütte Pinzgauer Spezialitäten aus regionalen Zutaten teils in Bio-Qualität.

Eldorado für Naturschönheiten
Auf dem Ramsauer Mühlsteinweg zum Hintersee

Im Berchtesgadener Land gibt es wunderschöne Seen, Wasserfälle, Bachschluchten, Tropfsteinhöhlen, Gletschertöpfe, Felsgebilde und Bäume, die als Naturdenkmäler ausgezeichnet wurden. Bereits bei der Anfahrt nach Ramsau ist ein Zwischenstopp am Trade-Ahorn und an der Hindenburglinde Pflicht. Und die Wanderung im Zauberwald bietet uns mystische Baumgestalten, sprudelnde Quellen, mächtige Gesteinsbrocken, die tosende Marxachklamm und den idyllischen Hintersee. Die spektakuläre Landschaft, die durch einen gewaltigen Bergsturz im Blaueistal vor über 1.000 Jahren entstanden ist, diente als perfekter Drehort für Ludwig-Ganghofer-Filme!

Der Trade-Ahorn ❶ steht auf einer Almwiese oberhalb der Busstation Kaltbachhäusl. Wer von Norden auf der Alpenstraße anreist, erreicht den Weiler gut zwei Kilometer unterhalb des Abzweigs zu Tauben- und Hintersee. Ein kleines Sträßchen führt in einer Spitzkehre aufwärts zu einem kleinen Parkplatz. Von hier leitet uns ein Trampelpfad über die von Kühen zerfurchte Bergwiese zu unserem 270-jährigen Baum-Veteranen, der etlichen Bruchstellen zum Trotz dank seines mächtigen Stammes (Umfang: über 6 m!) noch vor Kraft strotzt. Im Herbst beobachten wir Almbauern, die das Laub unter den Bäumen nach alter Trade-Tradition sorgfältig zusammenrechen und für die Viehverfütterung abtransportieren. Eine Aufforstung oder Rodung ist hier zum Glück auch weiterer Berg-Ahorne seit Jahrhunderten untersagt.

Die Hindenburglinde ❷ liegt nur einen Kilometer unterhalb direkt an der B305 am gleichnamigen Gasthof. Der Baum zieht mit seiner ausladenden Krone und dem unglaublich dicken Stamm den Betrachter sofort in seinen Bann. In einer Höhe von etwa drei Metern teilt sich die Sommer-Linde in mehrere Nebenstämme auf, durch quer abstehende Stränge wirkt sie ebenso breit wie hoch. Die gelbbraune Blattfärbung im Herbst erhöht den majestätischen Anblick noch!

Solch spektakuläre Baum-Solitäre werden wir auf unserer Wanderung zum Hintersee zwar nicht mehr erblicken, aber allein im Ortsgebiet von Ramsau haben es immerhin 16 verschiedene Ahornbestände auf die Naturdenkmäler-Liste geschafft! Dem Berg-Ahorn scheint das Quellwasser vom Blaueisgletscher, nördlichster Gletscher der Alpen, gut zu bekommen. Der Wanderweg verläuft entlang der Ramsacher Ache, die sich auf Höhe der Marxenklamm tief in das Gestein eingegraben hat. Das reißende Wasser wird es über die Flüsse Salzach, Inn und Donau bis in das Schwarze Meer schaffen.

Im Zauberwald plätschert die Ramsacher Ache zwischen lebhaften Wasserfäl-

Fichtenwurzel auf Felsbrocken (o.l.), Zauberwald-Steig an der Ramsauer Ache (o.r.), Spiegelung am Hintersee (u.)

len friedvoll vor sich hin. Teils in Stufen angelegt, windet sich der kurzweilige Steig um gigantische Felsbrocken herum, die von Flechten, Moosen, Farnen und in Einzelfällen von skurrilen Baumwurzeln überzogen sind. Die Fichte dominiert, aber wir stoßen auch auf typische Bergmischwaldarten wie Ahorn, Buche oder Weißdorn. Je näher der Baum dem kühlenden Nass rückt, desto stärker ist der Moosüberzug.

Der Begriff „malerisch" ist für den Hintersee gemessen an den zahlreichen Malern, die den See mit seiner herrlichen Umgebung auf ihren Kunstwerken verewigt haben, gewiss keine Übertreibung. Etliche Tafeln am „Malerweg" erinnern an bekannte Künstler wie Carl Rottmann oder Anton Hansch. Am Nordufer führen Stichwege zu stillen Rastplätzen mit Seeblick und Bademöglichkeiten.

Großartige Baum-Solitäre: Trade-Ahorn (o.) und Hindenburglinde (u.)

Schwierigkeit 1 • **Strecke** 7 km • **Gehzeit** 2 ½ Std. • **Höhenmeter** 200

Anfahrt

ÖVM Mit der Bahn nach Berchtesgaden, Bus 846 nach Ramsau

Auto A 8 Ausfahrt Siegsdorf, B 306 Inzell, Deutsche Alpenstraße (B 305) über Schneizlreuth, Parkplatz Trade-Ahorn (N 47.625256°, E 12.880225) und Parkplatz Hindenburglinde (N 47.616253°, E 12.884688°) nach Ramsau, rechts durch den Ortskern zum Parkplatz

Ausgangspunkt Parkplatz Pfeifenmacherbrücke (N 47.607165°, E 12.887741°)

Charakter Romantische und schattige Wasser-Wanderung an Ramsauer Ache und Hintersee. Ideal an heißen Sommertagen!

Wegweiser Zauberwald und Hintersee bestens beschildert

Besondere Bäume am Weg Trade-Ahorn ❶, Hindenburglinde ❷, Zauberwald ❸

Einkehr
• Gasthof Hindenburglinde, Tel. 0 86 57 - 550, www.hindenburglinde.de
• Wirtshaus im Zauberwald, Tel. 0 86 57 - 552, www.ramsau-zauberwald.de

Karte Kompass-Wanderkarte Nr. 14, Berchtesgadener Land, 1:50.000

Route Ramsau → Zauberwald → Hintersee → Ramsau

Vom Wanderparkplatz die Eckau-Forststraße leicht bergan → nach 300 m rechts an den Gletscherquellen und am Wirtshaus im Zauberwald vorbei in den Zauberwald ❸ → nach Überqueren der Bachbrücke links an der Ramsauer Ache entlang zum Hintersee (Ww. Hintersee Mühlsteinweg) → an der Weggabelung rechts (Ww. Rund um den Hintersee) und am Ostufer entlang → an der T-Kreuzung und an der Autostraße links und auf Stichwegen das Nordufer erkunden → wieder zurück zur nordöstlichen Seespitze und geradeaus dem Forstweg folgen (Ww. Ramsau Ortsmitte) → rechts in den abzweigenden Pfad und Abstieg zur Bachbrücke an der Ramsauer Ache → ab hier siehe Hinweg

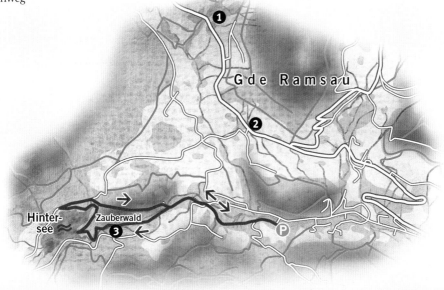

Orts-Index

A

Ahornboden 94
Alteglofsheim 42
Amerang 128

B

Bad Aibling 124
Bernried 56
Bruckberger Au 36

C

Chiemsee 138

D

Delling 52

E

Ebersberg 118
Edelweißlahner 152
Egglburger See 118
Erling 62
Ettenhofen 52

F

Falkenstein 46
Frauenchiemsee 138
Freudenreichalm 106

G

Grafenberg 144
Grafrath 12
Grünwald 8
Grundnern 98
Gschwandtkopf 90

H

Herrenchiemsee 138
Hintersee 154
Hochgrat 78

K

Käserwand 112
Kammerloh 130
Kendlmühlfilzen 132
Kranzbach 84

L

Lechauen 74
Lusen 50

M

München 16-35
  - Blutenburg 28
  - Englischer Garten 16
  - Gern 28
  - Maxvorstadt 16
  - Nymphenburger Park 28
  - Pasing 28
  - Schwabing 16
  - Solln 22

N

Neuhaus 106
Neueglofsheim 42
Neuschönau 50

O

Oberjettenberg 148
Oberteisendorf 144

P

Pähl 62
Paterzell 68
Prem 74
Prien am Chiemsee 138

R

Ramsau 154
Reiteralpe 148
Rißtal 94
Rottau 132
Ruckowitzschachten 46

S

Schliersee 102
Schürfenkopf 98
Seefeld in Tirol 90
Steibis 78
Sudelfeld 110

T

Traunsteiner Hütte 148

V

Volkmannsdorf 36

W

Wamberg 84
Watzlik-Hain 46
Weßling 52
Wessobrunn 68
Weyarn 114
Wildalpjoch 110

Z

Zauberwald 154
Zwieslerwaldhaus 46